나누면서 배우는
비경쟁 독서토론

| 이 도서는 충청북도교육도서관의 교사 책 출판 지원 프로그램 지원금 일부로 제작되었습니다.

나누면서 배우는
비경쟁 독서토론

초판1쇄 발행 2021년 9월 30일
초판2쇄 발행 2021년 11월 22일
초판3쇄 발행 2022년 12월 8일

지은이   김명희 김현미 염정애 박고은 이동진 김기훈
          조원희 임효진 정혜영 신예지 김은주
펴낸이   최종숙
편집   이태곤 권분옥 임애정 강윤경
디자인   안혜진 최선주 이경진
마케팅   박태훈 안현진

펴낸곳   글누림출판사
출판등록 제303-2005-000038호(2005.10.5.)
주소   서울시 서초구 동광로 46길 6-6 문창빌딩 2층 (우06589)
전화   02-3409-2055(대표), 2058(영업), 2060(편집)
팩스   02-3409-2059
홈페이지   www.geulnurim.co.kr
이메일   nurim3888@hanmail.net

ISBN 978-89-6327-651-9 03370

책으로 생각을 나누고 세상을 배워가는 독서토론!

나누면서 배우는 비경쟁 독서토론

김명희·김현미·염정애·박고은
이동진·김기훈·조원희·임효진
정혜영·신예지·김은주 _____

독서교육에 애쓰시는 선생님들의 수고가 헛되지 않음을

구본권(『로봇시대, 인간의 일』 저자)

2017년 11월 4일 충북교육청에서 열린 비경쟁 독서토론에 졸저 『로봇시대, 인간의 일』이 선정되어 초청받는 기쁨을 누렸다. 충북 곳곳에서 책을 읽고 온 학생들이 모둠을 이루어 토론하는 자리였다. 책 한 권을 깊이 있게 읽은 사람은 입이 근질거린다. "내 생각은 이런데 넌 어떻게 읽었어?" 학생 대부분은 처음 만나는 사이였지만 책으로 인해 깊이 연결된 상태였다. 책에 대한 나의 생각이 있고 이를 다르게 읽어낸 친구의 생각이 있어 함께 이야기할수록 생각의 지평이 넓어지는 자리였다. 작가로 가장 보람있는 순간은 자신의 책을 읽은 학생들이 토론하고 질문하며 호기심 가득한 눈빛을 쏟아내는 때다. 충북교육청 비경쟁 독서토론의 그 날이 생생한 까닭이다. 독서교육에 애쓰시는 선생님들의 수고가 헛되지 않음을 늘 확인하고, 감사드린다.

삶은 독창이 아니라 합창이라는 것

이경근(책읽는사회문화재단/북스타트코리아 이사)

추천사를 써달라는 부탁을 받고 이렇게 오래 고민해 보기는 처음이다. 지난 5년 동안 저자들에게 받은 감동과 배움을 어떻게 표현하면 좋을까. 입시경쟁을 부정할 수도 긍정할 수도 없던 교사들이, 학생들 앞에 진실한 모습으로 서고 싶어서, 그럼으로써 자신의 행복과 교사로서의 만족감을 찾기 위해 '비경쟁 독서토론'이라는 형식으로 모였다. 모임의 목적이 간절했기 때문에 모든 내용과 형식은 자발적이면서도 주체적이었고 의미 없는 권위와는 타협하지 않았다. 그 과정은 조용하고 부드러운 조율 같았고, 그 결과는 웅장하고 아름다운 합창 같았다. 이 소중한 책을 통해 알게 됐다. 저자들이 제자들에게 가르치고 싶고 보여 주고 싶었던 건 바로, 삶은 독창이 아니라 합창이라는 것을.

행복한 책 읽기=비경쟁 독서토론

김현미(남평초등학교)

　　학교나 가정에서 부모나 교사들이 아이들에게 가장 원하는 활동은 아마도 '책 읽기'일 것입니다. 아이들에게 여유 시간이나 자투리 시간이 보일 때 어른들이 자연스럽게 하는 말이 '책 좀 읽으렴'입니다. 그리고 많은 부모와 교사들은 아이들에게 책 읽기 습관을 길러주기 위해 끊임없이 노력합니다.

　　부모와 교사들은 왜 이렇게 아이들의 책 읽기에 집착할까요? 공부를 잘하기 위해, 생활 속의 다양한 상황을 잘 이해하기 위해, 언어 사용 능력을 기르기 위해, 보다 나은 사람이 되기 위해, 아니면 시간 보내기 가장 좋은 방법이어서일까요?

　　우리 모두는 행복한 삶을 살고 싶어 합니다. 좀 더 행복해지려고 오늘도 끊임없이 노력하고 생각합니다. 우리는 어떻게 하면 더 행복해질까요? 우리의 삶이 즐겁고 행복하려면 세상과 소통할 수 있는 힘이 필요합니다. 세상과 소통하며 즐거움까지 가능하게 하는 활동이 바로 책 읽기가 아닐까 합니다.

하지만 많은 아이들은 책 읽기를 좋아하지 않습니다. '읽고 싶은'이 아닌 '읽어야만 하는' 책을 읽는다면 즐거움은 고사하고 끔찍하기까지 합니다. 책 읽기를 싫어하는 아이들에게 책 읽기의 즐거움을 느끼게 하려면? 책 읽기로 아이들이 마주하는 세상과 소통하게 하려면? 아이들의 앎과 실제 삶을 연결하는 방법은?

이런 생각을 지니고 있을 때 접한 독서 활동이 바로 '비경쟁 독서토론'입니다.

비경쟁 독서토론은 전문적이고 심화된 독서토론이 아닌 나와 마주한 세상에 공감하고 소통하는 관계 맺기입니다. 이를 통해 자신의 삶을 성찰하고 세상에 대한 주체적인 관심으로 소통할 수 있습니다. 타인과의 안전하고 따뜻한 관계 안에서 마음의 행복과 안정을 찾는 시간과 공간을 형성해 가는 데에 비경쟁 독서토론의 진정한 의미가 있습니다.

비경쟁 독서토론은 함께 선택한 책을 읽고 토론에 필요한 질문을 스스로 만든 다음, 비슷한 질문을 가진 사람들끼리 모둠을 만들어 나누고 싶은 질문을 선정하고, 그 질문으로 자유롭게 토론하는 활동입니다. 따라서 저자의 의도나 서평가의 글을 외워서 말하는 것이 아니라 내 느낌, 내 경험 등에 대한 진실한 이야기를 나누는 것이 중요합니다.

비경쟁 독서토론에 참여한 사람들은 평등한 대화를 하고, 자기 생각을 펼칠 수 있으며, 토론을 통해 나와 타인을 이해할 수 있습니다. 자기 생각을 강요하고 타인을 의도적으로 바꾸려고 하는 게 아니라 타인과의 소통을 통해 세상을 이해할 수 있는 과정을 배울 수 있습니다. 자기의 생각을 말하는 과정을 통해 우리가 얼마나 다양한 사람과 세계 속에서 살고 있는지, 또 얼마나 비슷한 사고로 살고 있는지를 느낄 수 있습니다.

교사독서모임 세상질문은 지난 4년 동안 학생, 학부모, 동료 교사와 비경쟁 독서토론을 교육현장에서 실천하였습니다. 책을 매개로 교육공동체가 함께 소통하고 행복해 하며, 성장해 나가는 모습을 볼 수 있었습니다. 특히 2017년부터 시작한 '충북 청소년 비경쟁 독서토론 한마당'을 통해 '진정으로 행복한 책 읽기'가 무엇인가를 느꼈습니다.

충북 청소년 비경쟁 독서토론 한마당을 마친 소감문 대부분에는 다음과 같은 내용으로 가득 찼습니다. "책을 매개로 자신의 이야기를 하고 타인의 이야기를 들으면서 무척이나 행복하고 편안하였다." "자신의 이야기에 귀 기울여 주는 언니, 오빠들의 모습에서 평등한 대화의 진정한 의미를 알게 되었고, 전혀 생각지 못한 이야기를 하는 동생들을 보면서 서로 서로가 얼마나 큰 배움이 있는지를 깨닫는 순간이었다." 등 책 읽기가 즐거움을 주고, 타인을 바라보게 하며, 타인의 말을 통해 자기 생각의 틀이 확장되었다는 내용이었습니다.

충북에서 비경쟁 독서토론이 활발히 일어날 수 있었던 힘은 충청북도교육도서관(충청북도교육청), 책읽는사회문화재단, 마중물과 옹달샘 선생님들과의 긴밀한 네트워크의 힘으로 가능했습니다. 이 자리를 빌려 비경쟁 독서토론을 통한 행복한 책 읽기가 학교 현장에서 활발하게 진행될 수 있도록 적극적으로 지원해 주신 분들께 감사드립니다. 그리고 교육현장에서 아이들과 함께 행복한 책 읽기를 실천하고, 독서교육에 관심 있는 선생님들에게 맑은 샘물을 나눠주기 위해 노력한 마중물 선생님들과 옹달샘 선생님들께 존경의 인사를 드립니다. 이 모든 일에 출발점을 만들어 주신 김영애 선생님께 깊은 감사를 전하고 싶습니다.

이 책은 교육현장에서 학생, 학부모, 교사들과 함께했던 비경쟁 독서토론의 경험과 지혜를 모았습니다. 이 책이 그간의 행복한 책 읽기에 목마른 학생, 학부모, 교사들에게 시원한 한 모금의 맑은 샘이 되길 희망합니다.

1부 세우고 펼치다
비경쟁 독서토론의 시작

함께 만들어 가는 비경쟁 독서토론　16

조원희(성화초등학교)

책을 통한 세상질문 옹달샘　24

박고은(성화초등학교, 전 명지초등학교)

책으로 여는 우리들의 마당　44

임효진(성화초등학교)

그림책으로 시작하는 비경쟁 독서토론   60
정혜영(개신초등학교)

우리 아이들과 함께 꾸리는 비경쟁 독서토론   80
신예지(오선초등학교)

중학교 비경쟁 독서토론 사례   100
경쟁하지 않아 더 좋은 '함께 읽기'
김기훈(추풍령중학교)

고등학교 비경쟁 독서토론 사례 128
비경쟁 독서토론을 수업 안으로

이동진(세명고등학교)

2부 꽃피우다
학교에서 지역으로, 독서토론의 미래

비경쟁 독서토론 방식으로 운영한 송면중의 북카페 4년 156

김명희(용암중학교, 전 송면중학교)

1부

세우고 펼치다
비경쟁 독서토론의 시작

함께 만들어 가는
비경쟁 독서토론

조원희

(성화초등학교)

"독서토론 같이 할까요?"

누군가 이렇게 묻는다면 이 사람이 나에게 왜 이러나 생각할지 모른다. 책까지는 어떻게 읽을 수 있겠으나 토론은 부담스럽게 여기는 경우가 많다. '내가 무슨 토론을…'이라는 말 속에는 토론을 학생들이 학교에서 배우는 공부거리, 정치인들이나 어느 분야 전문가가 나와서 하는 특별한 행사 정도로 보는 생각이 담겨 있다. 드물게 있는 TV토론은 신데렐라도 집으로 가는 자정 무렵에 하거나 선거 때나 볼 수 있다. 보고 있는 것도 쉬운 일이 아닌 마당에 내가 토론을 한다는 것은 좀처럼 마음 내기 쉽지 않을 것이다. 더군다나 책을 읽고 하는 토론이라니, 둘 중 하나도 하기 힘든데 둘 다를 한다면 손을 내저을 일이다. 이런 반응은 토론에 대한 굳어진 생각 때문이기도 하다. 토론하면 대부분 찬성과 반대로 나누어서 경쟁하며 승패를 정하는 것이라 생각하기에 부담스럽고 어렵게 느껴진다.

토론에서만 경쟁하는 것은 아니다. 우리 사회 곳곳에서 경쟁하지 않는 것을 찾기 힘들다. 경쟁이 당연하게 받아들여지고 그래야 공평하고 효율적이라고 생각하기도 한다. 과연 그럴까? 경쟁하는 과정에서 우리는 많은 값을 치르고 있는지도 모른다. 한 사람의 승자를 위해 아흔아홉의 패자가 나온다면 과연 행복한 사회라고 할 수 있을까? 삶을 위해 쓰이지 않을 문제를 풀며 청소년 시절을 다 보내는 아이들이 있다. 어른이 되어서도 일자리를 구하기 위해, 승진하기 위해, 집을 마련하기 위해 끊임없이 경쟁하며 살아야 한다. 어쩔 수 없는 일이라고 말하며 개인의 노력을 촉구한다. 시민으로 살기보다 파편화된 개인이 되어 살길을 찾는 처지에 내몰린다.

비경쟁 독서토론의 출발점과 철학[1]

이렇게 공기처럼 우리 사회에 스며있는 경쟁의식에서 벗어나기 위해 길을 찾는 과정에서 '비경쟁 독서토론'이 출발했다. 2009년부터 책읽는 사회문화재단과 김해시는 '청소년 인문학읽기 전국대회'를 열고 있다. 이 자리는 전국에 있는 40여 개의 고등학생 독서동아리가 참여하며 200여 명의 학생들이 책을 읽고 미리 토론한 후 모여 이틀 동안 작가와 함께 깊이 토론하는 행사다. 해를 거듭할수록 더해지는 열기와 오고 가는 질문, 이야기들, 행복해하는 청소년들 모습에서 함께 책 읽고 소통하는 일의 가치, 새로운 가능성을 확인할 수 있다. 전국 각지에서 모인 청소년들이 책을 읽고 진실한 대화를 나누는 모습은 새로운 꿈을 꾸게 한다.

책읽는사회문화재단을 중심으로 이 꿈을 현실로 만들어갔다. 이 행사의 중요한 의의 중 하나인 내면화된 경쟁의식에서 벗어나기를 바탕 철학으로 삼고, 다양하게 이루어지는 토론방식 중 월드카페[2] 방식을 응용하기로 했다. 누구나 부담없이 시도해 볼 수 있도록 이틀을 하루로 줄였다. 청소년뿐만 아니라 초등학생부터 성인까지 참여할 수 있는 시민사회 독서운동으로서의 비경쟁 독서토론은 이렇게 시작되었다. 비경쟁이라는 철학적 가치를 월드카페라는 형식에 담아 독서토론을 하는 것이 비경쟁 독서토론이다.

비경쟁 독서토론에서 비경쟁 못지않게 중요한 특징은 '질문'이다. 보

---

1 이경근, 비경쟁 독서토론-인문독서와 실용독서 강의 원고 참고
2 월드카페는 열린 대화, 친밀한 대화를 촉진하고, 아이디어들을 연결하여 집단 지성에 이를 수 있게끔 구조화된 대화 프로세스이다. 각 월드카페의 주제는 일련의 질문들로 표현된다. 참가자들은 그 질문들에 대한 대화를 이어 가며 테이블을 옮겨다닌다. (2013. 풀뿌리자치연구소 이룸, 대화 · 소통 · 참여 프로그램 매뉴얼)

통의 토론은 정해진 논제에 맞게 그 테두리 안에서 말해야 하지만 비경쟁 독서토론은 답을 말하기보다 질문을 던지는 토론이다. 주어진 논제를 일방적으로 받아들이지 않고 스스로 질문을 만들며 토론의 주체가 된다. 책에서 출발한 생각이 질문을 통해 둘레로 넓어지고 세상으로 뻗어나간다.

　더욱 놀라운 점은 토론하기 위해 질문을 만드는 것이 아니라 질문을 만들기 위해 토론을 한다는 것이다. 질문이 토론의 한 부분이 아니라 토론의 목적이다. 토론대회 한 번 잘 진행하여 성과를 내는 것이 아니라 참여하는 사람이 성장하고 생각을 나누며 풍성하게 만들어 가는 데 의미를 둔다. 질문하는 독자가 되고, 세상에 질문을 던지는 시민이 되기 위해 책을 읽고 토론을 펼쳐나가는 것이다. 인간다움을 논하는 자리에서 빠지지 않고 질문을 던질 수 있는 존재에 대한 이야기가 나오는 것을 보아도 질문은 단순한 방법을 넘어 철학적인 의미를 지닌다.

　이런 점에서 비경쟁 독서토론을 인문토론[3]이라 말할 수 있다. 인문학처럼 인문토론 역시 토론을 통해 인간을 이해하는 과정이다. 하나의 표준에 맞게 인간을 바꾸려고 하지 않고 서로가 얼마나 다르고 비슷한지 알아간다. 질문을 통해 스스로가 어떤 생각을 품고 살아가는지 확인하게 되고 내 옆에 앉아 있는 사람에게 질문을 하고 듣는 과정에서 서로를 알아가게 된다.

3　이경근, 학교도서관저널 79호(2017년 12월) 비경쟁 토론 특집 p39

비경쟁 독서토론 철학에 담긴 가치

누군가 내 말을 잘 들어줄 때 자신이 중요한 존재가 된 것을 실감하고 행복한 마음을 느끼는 경우가 많다. 비경쟁 독서토론에 참여한 사람들이 그렇게 행복하게 이야기를 할 수 있는 까닭도 내 의견을 평가하거나 허점을 찾아 공격하려고 하지 않고 귀 기울여 듣고 공감하기 때문이다. '경청'이라는 가치는 마음을 열고 내 이야기를 진실하게 하는 힘을 준다.

'환대' 또한 비경쟁 독서토론에서 중요한 가치로 꼽을 만하다. 함께 협력하며 이야기를 풀어갈 소중한 동료로서 서로를 환영한다. 부드러운 음악과 소소한 먹거리 또한 그런 마음을 표현하는 것이다. 둥글게 둘러앉아 서로를 소개하고 이곳에 잘 왔다는 마음이 들게 해준다. 이는 무엇이든 말해도 되는 대화의 안전지대, 안전한 공동체를 만들어 가겠다는 의미이기도 하다. 이 속에서 참여자들은 유명한 학자의 이론을 빌려 인용하지 않아도 되고 다른 사람보다 더 똑똑해 보이기 위해 긴장하지 않아도 된다는 사실을 알아간다.

경청과 환대를 바탕으로 비경쟁 독서토론에서 '자유롭고 수평적인 대화'가 오고 간다. 누군가가 혼자 대화의 주도권을 독점하지 않고 고르게 말하는 것을 중요하게 여긴다. 호스트, 모둠지기를 맡은 이가 있지만, 이들은 오히려 수평적 대화가 이어지는 것을 돕는다. 한편으로 듣고 싶은 이는 다른 사람의 이야기를 편안하게 듣다가 말하고 싶을 때, 자연스럽게 이야기한다. 듣는 것도 대화에 참여하는 하나의 방법이기에 이를 불편하게 여기지 않는다. 대화의 순서가 정해져 있지 않고 누군가에게 발언권을 얻어서 말하는 것이 아니기에 자유롭고 수평적인 대화라는 가치를 계속 지켜나갈 수 있다.

비경쟁 독서토론은 대화를 통해 책 읽기를 더욱 폭넓게 해 주면서 개인의 독서를 공동체의 독서로 확장하게 한다. 평등한 관계에서 책을 읽고 이야기 나누는 비경쟁 독서토론으로 '집단지성'을 발휘하고 나와 멀리 있던 문제들이 내 삶에 의미 있게 다가오는 경험을 하게 된다.

기후 위기, 감염병과 같이 한 개인, 한 지역사회, 한 국가가 감당할 수 없는 문제들에 직면한 인류는 어느 때보다 연대와 집단지성이 필요하다. 비경쟁 독서토론을 통해 만들어 가는 집단지성이라는 가치가 새로운 시대를 살아가는 오늘날, 더 절박하고 큰 의미로 다가온다.

앞서 이야기한 경청, 환대, 수평적 대화, 집단지성이라는 가치는 '소통과 연결'이라는 가치로 바꾸어 말할 수 있다. 다른 존재와 이어지고자 하는 마음은 인간의 기본적인 욕구라고 할 수 있다. 책에서 이야기하는 삶, 책 속 인물의 삶은 내 삶의 이야기와 이어진다. 내 삶을 이야기하는 과정에서 다른 사람의 삶에 관심 갖게 된다. 나와 책의 연결, 나와 타인의 연결이며 이런 연결을 거듭하는 과정에서 나와 세상과의 연결이 이루어진다. 소통과 연결을 통해 세상에 질문을 던지는 성숙한 시민으로 성장해 간다.

비경쟁 독서토론, 어디까지 가고 있나?

김해시를 시작으로 출발한 비경쟁 독서토론은 이런 가치를 지켜가며 온 나라로 퍼져 나가 마중물이 되고 있다. 전북과 강원에서는 전국학교도서관담당교사모임의 교사들이 중심이 되어 '고교생 인문학 캠프'를 열었다. 전북에서는 학부모 비경쟁 독서토론도 이루어지고 있으며 이 학부모들이 또 다른 마중물이 되어 퍼져나가고 있다. 강원을 견학한 서울교육청 담당자를 통해 서울형 독서토론 모형이 만들어졌고 고등학생 뿐만 아니라 중학생 교사 독서토론 캠프도 열리고 있다. 학교 밖에서 이루어지던 독서토론은 인천, 강원, 충북의 교실로 들어가 수업과 도서관 중심으로도 활발하게 펼쳐지고 있다.

충북의 경우 '청소년 비경쟁 독서토론 한마당'을 중심으로 제천, 충주, 영동으로 이어지고 있다. 충북형 비경쟁 독서토론이 어떤 모습으로 변화, 발전하는가는 다음 장에서 확인할 수 있다.

비경쟁 독서토론이란?

비경쟁 독서토론의 세계로
본격적인 여행을 떠나기 위한 출발점에서 확인하고 가 볼까요?

비경쟁 독서토론이란
책을 읽고 자연스럽게 떠오르는 질문을 던지며
이야기를 나누는 토론방법입니다.

적게는 대여섯 명부터
많게는 백 명 이상의 사람이 모여서 토론할 수 있어요.

경쟁하지 않고 협력한다는 것,
답을 찾기보다 질문을 던진다는 점,
그 과정에서 내가 어떤 사람인지,
우리가 어떻게 살아야 하는지 찾아가는 인문토론입니다.

메모

책을 통한 세상질문
옹달샘

박고은

(성화초등학교, 전 명지초등학교)

옹달샘, 만남

2015년 나무들이 잎을 떨구던 날, 초롱이네 도서관에 충북 독서 부흥을 꿈꾸는 비밀결사대 넷이 모였다. 독서 부흥을 일으키기에는 아무래도 수가 적다. 이들은 더 큰 조직을 꿈꾸며 독서에 관심 있는 분들에게 암암리 연락했다. 그해 겨울 충북에서 독서 활동을 꾸준히 해 온 각 지역 도서관장님, 초등 교사, 중등 교사 그리고 책사회 분들 총 22명이 초롱이네 도서관에 모였다. 청주시 용암동에 있는 초롱이네 도서관은 1999년에 개관한 작은 도서관으로 그 마을에서는 이미 유명하다. 이곳에 온 교사들에게 던져진 미끼는 분명 "독서"였을 것이고 그것을 물어버린 교사들 머릿속은 물음표로 가득 찼다. 책사회 실장님은 충북에 이렇게 많은 수의 선생님들이 독서 활동을 하고 있는 것에 놀란 듯했다. 책사회에서는 선생님들의 은밀하지만 위대한 독서 활동을 수면 위로 드러낼 방법을 고민했다. 곧 해가 바뀌면 책날개 직무연수가 있다. 책날개 연수 후 선생님들이 원하는 활동이 무엇인지를 논의해 보기로 하고 다음 만남에 다시 참석해 주시길 곡진히 부탁했다.

2016년 1월 책날개 직무연수가 끝날 때쯤, 지난 번 약속대로 "책 읽는 소모임에 관심 있는 선생님들 잠깐 남아주세요."라고 안내 방송을 했다. 남아 주신 분은 11명. 지난번 모임보다 선생님들이 반이나 빠졌다. 적은 인원이지만 자리를 옮겨 간단하게 식사를 하고 정체성을 찾아가 보기로 했다. 이미 독서 활동을 하고 계신 분들이 많으니 그 분들을 지원하는 성격으로 활동을 해 보자는 방향으로 의견을 모으고 2월 모임 때 독서 활동을 하실 선생님들을 좀 더 모셔오자고 하고 헤어졌다.

2월, 책읽는사회문화재단 이경근 실장님과 임광운 간사님, 지역 도서관 관장님들, 독서에 관심이 있던 몇 명의 교사들이 초롱이네 도서관에서 다시 모였다. 김밥과 컵라면을 준비해 온 책사회, 제천에서 온 백영숙 하소 아동복지관장님, 초롱이네 도서관 오혜자 관장님과 낯선 선생님들이 동그랗게 마주 앉아보니 어색하기 짝이 없다. 따뜻하게 배를 채우고 새로운 선생님들도 왔으니 자기소개를 한다.

책읽는사회문화재단은 정보, 지식에 접근할 기회의 사회적 평등 확장, 책 읽는 문화로 성숙한 사회 실현, 책 읽는 문화공동체로 사람의 사회 만들기에 앞장서고 있다. 2001년 6월에 출발한 시민 연대 운동으로 기적의 도서관 건립, MBC 느낌표, 북스타트 운동, 교사 책날개 연수 등 독서와 관련된 활동을 한다고 소개했다. 책사회 사업 중 북스타트와 교사 책날개 연수가 충북에서 먼저 시작했고 전국으로 확산해 나갔다고 한다. 그후 전국적으로 독서 문화가 완만하게 꾸준히 성장하는데 유독 충북에서는 제자리걸음이라 아쉬운 마음을 전했다.

우리가 선생님들을 지원하는 역할을 할 수 있을까?

첫 모임 이후 몇 차례 그분들과 간담회라는 이름으로 만났다. 간담회에 성실하게 참석하고 있는 지역 활동가와 교사를 '옹달샘 선생님'으로 명명했다. 옹달샘 선생님들은 학교 현장에 뿔뿔이 흩어져 열심히 독서 교육을 하는 고수님들을 대상으로 한 워크숍을 기획하고, 그분들을 '마중물 선생님'으로 부르기로 했다. 마중물 선생님들이 3월에 배워 바로 학교에 적용할 수 있는 독서 교육 및 매력적인 독서 동아리 운영법 등을 내용으로 했다. 책사회, 지역 도서관 관장님들, 옹달샘 선생님들은 충북 독서 문화 기반을 만들기 위해 시간과 재능을 아낌없이 내주셨다.

마중물, 설렘

2016년 3월 첫 주 토요일, 일 년 중 교사들에게 가장 바쁜 시기에 100여 명의 선생님들이 청주 기적의 도서관에 모였다. 자율연수에 그렇게 많은 선생님들이 오시다니! 많은 시간이 흘렀지만 3월 워크숍을 첫사랑처럼 또렷하게 기억하는 이유는 두통때문이다. 기적의 도서관 지하 1층 강당은 100여 명의 마중물 선생님들로 비좁아졌고, 강사님과 연수생이 만들어낸 열정이 금세 좁은 공간의 산소를 모두 태워 버렸으니 두통이 오는 건 당연했다. 책사회에서는 과자와 음료, 김밥, 라면 등 풍부한 먹거리를 제공해 주었고, 백영숙 관장님은 즐거운 놀이로 모인 선생님들의 긴장을 풀어 주었다. 책사회 이경근 실장님이 강사가 되어 "왜 함께 읽기인가?"라는 철학적 주제를 던져 주셨고, 교사들은 처음으로 비경쟁 독서토론이라는 형식을 갖고 독서 후 활동을 경험했다. 마지막 시간에는 오혜자 관장님으로부터 독서 동아리를 운영 방법을 배웠다.

독서 동아리 운영 방법은 다음과 같다.

Tip: 독서 동아리 운영 방법 책 모임 시작(운영 규칙)

① 모임 이름 정하기
② 모임 시간과 횟수 결정하기
③ 신규 회원 참여 방식 및 새 운영진 선출방식 정하기

④ 회원 역할 나누기
  - 회원에게 연락하는 사람
  - 모임장
  - 발제 또는 당번(간식)
  - 온라인에 자료 누적할 회원
  - 간간히 독서 기행 추진 회원
  - 강사초청 진행 및 공간 확보하는 회원
  - 뒷정리 회원
  - 홍보 담당자

* 첫 마중물 워크숍 때 배웠던 독서 동아리 운영 방법으로 4년째 세상질문이 운영되고
있으니 검증된 방법이라 할 수 있다.

그해 시작된 마중물 워크숍은 교사 역량 강화를 주안점으로 두고 7월과 11월 두 차례 더 열렸다. 옹달샘 선생님들은 마중물 교사 워크숍에는 감성을 나누는 활동을 꼭 넣어 프로그램을 만들기로 했다. 사람의 마음을 움직여야 그 힘으로 학교에서도 실천으로 이어질 거라는 믿음 때문이었다. 마중물 워크숍은 교육청에서 예산 지원을 받았고 지역 도서관과 연계하여 학교 울타리를 벗어나 다양한 교사를 만나며 확장된 독서 활동을 마련해갔다. 마중물 워크숍을 위한 옹달샘 간담회는 워크숍 전 적어도 3회 이상 가졌다. 자발적인 모임은 즐겁기에 쉽게 지치지 않았다.

두 번째 워크숍의 주제는 '서로를 보다'였다. 『갈색아침』과 『서로를 보다』라는 그림책을 읽고 비경쟁 독서토론을 경험했다. 책사회에서 기획과 섭외를 맡아 다른 지역에서 독서 활동을 열심히 하고 계신 선생님을 강사로 섭외해 충북과 다른 지역을 연결시켜줬다. 장소는 넓고 쾌적한 교

육청 화합관을 빌렸다. 제천, 충주, 영동, 음성 등 각 지역에서 마중물 선생님들이 모였다. 1차 워크숍 이후 모둠별로 자신이 경험한 독서동아리(학생, 교사, 학부모)사례를 이야기하고 전체가 공유하는 시간을 가졌다. 워크숍답게 재미있는 정크 북아트도 경험했다. 이렇게 즐거운데 3차 워크숍을 미룰 수 없었다.

세 번째 워크숍은 『소설처럼』으로 비경쟁 독서토론을 하면서 어떠한 목적이 없이 책 읽는 즐거움에 대해 이야기를 나누었다. 김해 인문학 대회, 상주 낭송의 밤을 견학하고 온 선생님의 이야기를 듣고 충북에서 청소년에게 책 읽는 문화를 확산시키기 위해 어떤 방법들이 있을지 고민해 보았다. 비블리오 배틀 방법으로 읽을 책도 정해 보고, 장서인도 만들어 봤다.

세 번의 워크숍을 거치면서 분기별로 진행하는 워크숍보다는 매달 정기적으로 만나서 모임을 지속하고 싶은 마음이 생겼다. 그래서 마중물 선생님들의 자발적 책모임인 '세상에 질문을 던지다!'— 청주지역 교사 책모임 '세상질문'이 만들어졌다.

세상질문, 성장

마중물 샘 워크숍, 세상질문이 운영될 수 있었던 가장 큰 이유는 교사들의 독서에 대한 열정과 책사회와 지역 도서관장님들의 도움이 있었기 때문이다. 비가 오나 눈이 오나 서울과 제천에서 큰 전지와 사인펜, 간식과 물을 트렁크에 싣고 달려오는 책사회 실장님과 간사님과 관장님들은 우리 동아리의 원더우먼과 슈퍼맨이었다.

누군가에게 대가 없이 물질적 정신적인 지지를 받는다는 것은 함께 참여하는 구성원들에게 염치를 알게 하고 책임감을 갖게 한다. 어쩜 원더우먼과 슈퍼맨의 큰 그림이었을지도 모를 일이지만 말이다.

2017년 2월 출범된 세상질문은 월 1회 순탄하게 모임을 계속해 오고 있었다. 폭풍우 치던 어느 4월 간식과 전지, 사인펜을 싣고 오던 슈퍼맨과 원더우먼이 엄청난 교통정체로 제시간에 도착하지 못했다. 60여 명의 선생님들이 오후 6시 30분 충북교육과학연구원에서 꼬르륵거리는 배를 움켜쥐고 그들을 기다리고 있는데, 옹달샘 사회자까지 늦어지는 바람에 운영진들 모두가 혼란에 빠졌다. 전지가 없어 총무과에 가서 사정을 이야기하고 A4용지를 빌려 빠르게 토론 준비를 하면서 책사회와 도서관장님들에게 기대고 있는 것을 알아차렸다. 폭풍우 치던 그 날이 세상질문 독서 동아리 살림을 오롯이 꾸리고 충북 선생님들이 자립하는 변곡점이 되었다.

첫해는 충북교육과학연구원, 2018년에는 진로교육원에 있는 빈 공간을 대여하고 월 1회 꾸준히 교사 독서 모임을 이어 갔다. 충북중앙도서관이 학생과 교사가 교육 활동을 활발히 할 수 있는 충북교육도서관으로 새롭게 단장(2019년)하면서 여기저기 떠돌며 토론했던 세상질문 교사 독서 모임은 이곳에 안착했다.

마중물 첫 회 워크숍 때 강사님이 이야기했던 방식을 착실하게 실행했다. 1년에 한 번은 꼭 강사를 초대했고, 선생님들의 에너지가 소진될 때쯤 가벼운 나들이를 갔으며, 겨울엔 초롱이네 도서관에 모여 한 해를 잘 꾸려간 우리를 서로 격려했다.

세상질문은 운영진(옹달샘)과 회원들로 구성된다. 회원들은 유치원, 초등, 중등, 특수 교사, 보건 교사, 사서 교사다. 초기에는 학부모님들도 회원이셨는데 교사의 비중이 높아 부담스러웠는지 다음 해에는 오지 않았다. 매달 마지막 주 목요일 6시 30분 특별한 일이 있지 않다면 모여 질문을 만들고 토론을 했다. 자세한 세상질문 운영 방법을 소개하면 다음과 같다.

세상질문 운영 방법

사회자 정하기	사회자는 비경쟁 독서토론을 진행하고 간단한 공동체 놀이 구상.
공동체 놀이	교실에서 학생들과 간단하게 마음을 열 수 있는 놀이 진행.
비경쟁 독서토론	4~6명 정도 모둠 구성이 되게 공간을 마련함.
	모둠지기를 정함.
	[1회 토론] 모둠 구성원들이 자유롭게 15분 동안 이야기함.
	나온 이야기에서 첫 번째 질문을 만듦.
	[2회 토론] 모둠지기만 남고 모둠 구성원은 질문을 보고 다른 모둠에 가서 20분간 이야기함.
	두 번째 질문을 만들어 전지에 쓰고 다른 자리로 이동함.
	[3회 토론] 질문에 대해 20분간 이야기하고 마지막 질문을 만듦.
	처음 자리로 돌아가 어떻게 질문이 확장되었는지 살펴봄.
질문 공유	모둠지기들이 나온 질문에 대해 공유함.
소감 작성	구성원들은 공책에 그날 소감을 작성하고 성찰을 나눔. 
다음 책 선정	사회자는 비블리오 배틀로 다음 책을 정하고 안내함.

위와 같은 방식으로 책 이야기를 하다보면 목적지가 다른 기차 여행을 함께 떠나는 기분이 든다. 기차에 올라 마주 앉은 사람과 이런저런 사는 이야기를 하다가 환승역에서 다음 기차에 오른다. 짧은 환승시간에 플랫폼에 혼자 남지 않기 위해서는 어디로 가는 기차인지 잘 보고 타야 한다. 올라탄 기차에서 처음과는 또 다른 사람들을 만난다. 그리고 자신의 삶을 이야기한다. 그렇게 3번 환승하고 나면 우리는 자신이 원하는 목적지에 도착해 있다.

한 달에 한 번 세상질문 모임을 하기 전에 선정도서를 다 읽으면 마음이 든든해진다. 선생님들을 만나 책 이야기를 나눌 생각을 하면 여행을 떠나는 것처럼 설렌다. 비경쟁 독서토론 중 질문을 찾아 자리를 이동할 때면 환승 플랫폼에서 다음 기차에 잘 올라타야 할 것 같은 두근거림이 있다. 토론이 끝난 뒤 성찰을 할 때면 같은 책을 읽었지만 갖고 가는 것이 다름을 알 수 있다.

이렇게 월 1회 주제 도서로 만나 삶을 확장해 가는 책 모임도 약간의 변주가 있으면 더욱 오래 지속이 된다. 철학자 가브리엘 마르셀은 인류를 여행하는 인간(호모 비아토르)으로 정의했다고 한다. 가을 독서 여행으로 학교 생활로 지쳐가는 교사들에게 충전의 기회를 마련했다. 물론 이 행사를 기획하기 위해서 옹달샘 선생님들은 주말에도 회의를 하고 의미 있는 프로그램을 계획했다. 장소가 정해지면 바로 장소 섭외를 했다. 여행지는 대부분 지역 도서관과 작은 책방이었다. 지역과 교사를 연결하고 그곳을 경험한 교사는 학생들과 다시 방문하여 선순환의 고리를 만들었다.

첫 번째 여행지는 낭성에 있는 쌍샘 봄눈 생태도서관이었다. 백영기 목사님의 생태적 삶을 나누는 시간을 갖고, 정갈한 음식도 먹었다. 선생님들은 도서관에서 책을 넘겨보기도 하고 차 한잔을 하며 서로의 목소리에 귀 기울이며 충전을 하고 있었다.

세상질문 독서 기행

2017년 쌍샘 봄눈 생태도서관(낭성)

2018년 숲속작은책방(괴산)

두 번째 여행지는 괴산 숲속작은책방이다. 이곳에서는 보물 찾기를 했다. 괴산 미루 마을에서 찾은 가을을 사진으로 찍어 밴드에 올리고 "좋아요"를 가장 많이 받은 선생님에게 작은 선물을 드렸다. 북 큐레이션을 하시는 백창화 선생님의 이야기도 듣고 아름다운 그림책도 감상했다. 마침 책방을 방문한 『앨비스 의상실』의 저자 최향랑 님을 만나 사인노 받고 책 이야기도 들었다. 가을볕이 너무 따사로워 근처 산막이 옛길을 걸으며 2018년 가을을 마음 깊이 담았다.

세 번째 여행지는 우리 지역을 벗어나 보기로 했다. 이천에 있는 오월의 푸른 하늘이라는 작은 책방이 도착지다. 이천은 쌀이 유명하니 쌀밥을 안 먹을 수 없다. 들밥이라는 곳에서 배를 채우고 책방지기 레오 선생님의 책방 설명을 들었다. 아기자기하게 잘 꾸며진 책방에는 책방지기님이 읽은 책들로만 진열되어 있었다. 책방지기 외할머니 집과 책방은 같은 마당을 쓰고 있다. 한옥으로 되어 있는 이곳은 내부가 서늘하면서도 상쾌함이 있다. 마당 모퉁이 햇볕에서 일광욕하던 붉은 고추가 아직도 눈에 선하다. 이천 아이들이 놀 수 있고, 문화를 향유할 수 있는 공간을 만들고 싶어 책방을 시작했다고 하셨는데 젊은 책방지기님이 신념을 가지고 운영하는 모습에 감명 받았다.

네 번째 여행지는 청주에 있는 무심서재와 달빛 서점으로 가벼운 나들이를 가기로 했다. '더 나은 삶'에 대해 고민하다 책방을 열게 된 무심서재 책방지기의 삶을 듣고 책방을 운영하며 겪는 어려운 점, 독립 서점을 지속적으로 운영하기 위한 노력을 알 수 있었다. 독립서점을 가는 일이 마치 사라져가는 작고 귀한 것들을 지키는 일과 같다는 생각이 들었다. 그렇다면 지갑을 열어 읽고 싶은 책을 골라 가방 속에 넣을 수 밖에. 달빛 서점에서도 몇 권을 더 구매하고 우리가 구매한 책 중 한 권을 소개하며 여행을 마쳤다.

세상질문 독서 기행

2019년 이천 작은 책방 　　　　2020년 청주 무심 서재, 달빛 서점

　세상질문에서는 꼭 일 년에 한 번은 작가를 만난다. 작가를 만나는 경험은 우리가 질문했던 것에 대해 깊이 나눌 수 있었고, 작가에게 무한 애정을 품게 했다.

　안정희 작가님은 기록의 중요성에 대해 다양한 방식으로 풀어주셨는데 인생은 멀리서 보면 희극이지만 가까이서 보면 비극이라는 톨스토이의 말을 인용하면서 우리가 갖고 있는 여러 문제들을 월드 와이드 관점에서 단순화 해 볼 필요도 있다는 말씀을 해 주셨다. 사건의 이해 당사자가되면 당면한 문제가 복잡해 보여 매듭을 풀기 어렵다는 말로 이해되었다. 기록하는 방식에 있어 과거에는 문자와 사진이 주가 되었다면 디지털 미디어 세대인 요즘은 시각적 문해력이 필요하기 때문에 글이 글자의 의미

뿐만 아니라 모양, 색깔, 크기, 배치에 따라 어떻게 달라지는지 그 의미를 이해하는 역량을 키울 필요가 있다고 하셨다.

고등학교 선생님이신 정진명 작가님은 시의 갈래를 설명해 주면서 빗대기, 그리기, 말하기 이 3가지로 시 창작을 할 수 있다는 비법을 알려 주셨다. 시의 3원소로 고등학생들이 쓴 시를 읽으니 작가님의 내공이 느껴졌다.

르포르타주 은유 작가가 쓴 책을 통해 김동준이라는 학생의 삶을 알게 되었고 교사의 책무성과 학교에서 필요한 교육에 대해 깊이 생각해 보는 계기가 되었다.

세상질문에서 만났던 작가들

2017년 『기록이 상처를 위로한다』의
저자 안정희

2018년 『우리 시 이야기』의
저자 정진명

2019년 『알지 못하는 아이의 죽음』의 저자 은유

연말에는 낭독의 밤을 갖고 초롱이네 도서관에서 한 해를 아름답게 마무리 했는데, 비경쟁 독서토론만으로는 알 수 없었던 동료 선생님들의 다양한 재능을 알게 되었다. 한 해 "수고했다"고 서로를 격려하는 훈훈한 시간을 가졌던 것이 그 다음 해에도 독서 동아리를 꾸준히 이어갈 수 있는 힘이 된다.

첫해는 시와 예능, 영화가 있는 밤으로 꾸려졌는데, 2017년 인기 드라마 도깨비를 연기했던 선생님들 덕분에 배꼽 튀어나오게 웃었던 기억이 있다. 늦은 밤 〈땐뽀걸즈〉라는 독립영화도 보고 새벽 2시까지 수다를 떨며 한 해를 마무리했다.

다음 해에는 지금은 장학사로 변신한 피아니스트 김은주 선생님의 피아노 연주로 시작해서 내 마음의 문장을 낭독했다. 푸짐한 간식과 좋은 사람들로 우리는 그렇게 또 한 걸음을 내딛는다.

낭독의 밤

2017년 초롱이네도서관 '낭독의 밤'

2018 초롱이네 도서관 '낭독의 밤'

2019년 초롱이네 도서관 '낭독의 밤'

옹달샘 지속가능

4년이라는 긴 시간 동안 충북 교사 독서 모임을 지속 가능하게 한 요소는 무엇일까?

물론 충북 선생님들의 필요에 따른 욕구가 가장 중요하겠지만 사회자 선정, 진행 돕기, 간식준비 및 작가 섭외 등 선생님들이 편하게 독서 모임을 할 수 있게 살림을 맡아 준 옹달샘 선생님들도 큰 역할을 했다.

서당개 3년이면 풍월을 읊는다지만 옹달샘으로 4년이 넘어가니 에너지 소진을 느낀다. 에너지를 보충하기 위해 필요했던 것은 에너지 드링크가 아닌 자체 연수였다. 요즘 '내돈내산'이라는 말이 유행이던데 옹달샘 선생님끼리 회비를 걷어 2020년 1월 영동 노근리 자율 연수를 만들었다. 내돈내자(내 돈 내고 내가 참여하는 자율연수) 쯤으로 바꿔 말할 수 있겠다. 몇 해 동안 자발성에 기초해 마라톤하듯 길게 달려왔으니 잘 먹고 푹 쉬기만 해도 될텐데 옹달샘 선생님들은 자율연수도 알차게 준비했다.

토요일 오후 행복씨앗학교인 추풍령 중학교에 방문해 학교협동조합이 만들어진 과정과 운영하는 방법에 대해 듣고, 영동에 있는 미술관 견학도 했다. 저녁에는 영화를 보고 깊은 이야기를 나누기도 했다. 마니또 게임으로 준비해온 작은 선물도 교환했다. 이튿날 아침 노근리 평화공원에서 추모의 시간을 가졌다.

이렇게 에너지를 가득 채웠더니 코로나19 상황에서 때로는 온라인으로 잠시 거리두기가 완화되었을 때는 대면으로 꾸준히 연구회 살림을 꾸려갈 수 있었다.

세상질문 운영진으로 활동하는 옹달샘 선생님들은 충북교육도서관 인문지원단으로 충북 청소년 비경쟁 독서토론 한마당이 원만히 진행될 수 있게 많은 노력을 하고 있다.

독서는 인문학의 기본이고 인문학은 인간이 걸어온 여정을 그대로 보여준다. 혼자 하는 독서가 아니라 읽고 나누는 독서 경험은 미처 알지 못했던 부분을 알게 해 주고 나양한 생각이 존재할 수 있다는 것을 인정하게 된다. 비경쟁 독서토론은 상호 존중을 바탕으로 평등한 듣고 말하기를 기본으로 하니 민주시민이 기본적으로 갖추어야 할 자질을 경험하게 된다. 비경쟁 독서토론을 활용한 독서는 인간을 더 깊게 이해하게 해준다.

바로 이 독서가 충북 옹달샘 선생님들이 5년간 학교와 학교 밖에서 지속적으로 독서교육 활동을 할 수 있었던 힘이다.

5년 전 긴장감과 어색함 속에서 우리가 꿈꿨던 모습이 꾸준하게 활동하다 보니 명징해진다. 여긴 독서를 바탕으로 민주시민으로 성장하고 있는 충북 교육 현장이고, 우리는 책을 통해 새로운 다양한 사람들을 만나 소통하고 나누기 위해 질문을 던지는 교사독서모임 세상질문 '옹달샘'이다.

세상질문 참여 선생님 인터뷰

수성초-이소일선생님

세상질문(교사 비경쟁 독서토론)에 꾸준하게 참여하시면서 온라인으로 이루어진 2020년 비경쟁 독서토론 소회의실 운영진으로 참여해 주신 이소일 선생님과 이야기 나누었습니다.

| 어떤 계기로 비경쟁 독서토론에 참여하게 되셨나요?

사실 이번에 운영하면서는 처음 참여했어요. 2017년 가을에 교육청 화합관에서 비경쟁 독서토론 할 때 아는 분께 부탁해서 방청을 하러 갔어요. 진형민 작가님의 『소리질러 운동장』 할 때로 기억해요.

아이들이 동글동글 앉아 있는데 눈도 반짝반짝하고 열심히 하는 모습 인상적이었어요.

작가님도 청주가 대도시도 아니고 어려운 걸음하셨을 것 같은데 굉장히 즐겁게 같이 해 주시고요.

운영진 선생님들도 계속 서포트하시는데 저 선생님들 열정 정말 장난아니구나 하면서 나중에 나도 아이들 데리고 와 봐야겠다 생각했어요.

그때 세상질문 몇 번 가 본 상태였거든요. 내가 세상질문에서 대강 방법 알았으니 고학년 하면 신청해야지 하면서 잘보고 갔는데 그 뒤로 1학년을 계속 해서 아쉽게 못하고 밴드에서 하고 있는 것만 보고 있었어요.

이번에 (소회의실 운영진으로) 참여 해달라는 연락을 받고 나의 역량 부족해서 할 수 있나 걱정을 했어요. 그래도 소그룹 담당으로 여러 선생님 도움 필요하다 하니 큰일 하는 것은 아니고 작게라도 도움이 된다면 해야겠다 이런 생각을 해서 참여하게 되었어요.

내가 잘 알거나 경험은 있는 것은 아니었지만 워낙 운영진 선생님들 열심히 하시니까 같이 하면서 할 수 있겠다 생각했어요.

| 비경쟁 독서토론 소그룹 운영을 해 보니 어떤 점이 좋으셨나요?

준비과정으로 OT를 하면서 메인 운영진은 챙길 것이 많구나 느꼈어요. 예를 들어 배경, 머리띠, 아이들에게 어떻게 보일 것이냐, 시간, 눈이 피곤하지 않을지, 아이스브레이킹 게임이 원격에서도 괜찮을지 다 따져야 하니까 준비하는 사람 입장에서는 줌이라는 첫 도전이라 쉽지 않았겠다 싶었어요.

당일날 처음에는 심장이 두근두근 했는데 아이들이 책 이야기, 자기 생각 이야기를 잘하는 거예요. 남녀평등 이야기를 하는데 자기 주장을 뚜렷하게 이야기하고 적극적으로 참여하는 모습에 '아이들 정말 대단하다, 비경쟁 독서토론이 아이들을 성장하게 만드는구나, 내가 받던 교육과 이런 차이가 있구나' 이런 생각을 했어요.

학교가 바뀌지 않았다고 하지만 진짜 교육이 바뀌고 있고 그런 경험을 한 친구들이 성장하고 있다는 생각을 하니 굉장히 뿌듯하기도 하고 아이들 멋있다는 생각을 했고 이 점이 가장 좋았어요.

| 힘들었던 점은 무엇일까요?

서로 모르면서 얼굴을 화면으로 보니까 아이들도 저도 서로 긴장했어요.

현장에서 긴장 푸는 과정 없이 각자의 공간에서 혼자 하니 서로의 긴장감이 큰 상태였죠. 밝고 이야기 잘하는 아이들이 오면 즐거운 분위기가 만들어졌는데 내성적인 친구들이 다수가 들어오면 한두 명과만 이야기하게 되어서 아이들에게 미안했어요.

유도해서 다른 질문을 하면 내가 질문 이끌어 가면 안되는데라는 생각이 들고, 또 아이들이 받아주지 않으면 그 타임은 굉장히 힘들었어요. 줌이라는 것이 참 어렵다는 생각을 했어요.

| 세상질문(교사독서 연구회)는 선생님께 어떤 의미인가요?

세상질문은 정말 좋은 공동체라고 생각해요. 연구회라기보다는 힐링이 되는 공간이에요.

무언가 배우기 위해서라기보다 세상을 보는 넓이도 넓어지면서 선생님들 만나서 다른 사람들 생각을 들어볼 수 있는 장이고요.

세상질문에 참여하고 싶은 선생님들이 많으신 것 같은데 혼자오기에는 사실 망설여지는 부분이 있지요. 그래도 운영진 선생님들이 처음 오거나 혼자 오면 간식도 준비하셔서 물어보고 하니까 혼자 왔을 때의 무거웠던 발걸음이 가벼워지고 마음도 풀렸어요.

첫 걸음은 어렵지만 막상 시작하고 나면 질문을 따라 흩어지니까 지인이 있고 없고가 상관없고 부담 없어져요. 이런 걸 알면 망설이는 선생님들도 용기 나지 않을까요?

막상 가기만 하면 운영진이 도와주고 즐길 수 있어서 선생님들께 추천하고 싶어요.

세상질문에서 이번 달 이 책입니다 하면 목적의식을 갖고 집중해서 읽게 되고 책을 읽는 습관이 생기는 점도 좋았어요.

그리고 혼자 읽으면 내 생각에 빠져버리는데 다양한 선생님들과 이야기 나누다 보면 이렇게 생각할 수 있다는 것을 알게 되고, 주인공에 대한 또 다른 생각들, 내가 유의미하게 여기지 않았던 부분을 새롭게 발견할 수 있어요.

사회적, 세계적 이슈에 대해 생각할 수 있는 것도 좋았어요.

『두 번째 지구는 없다』를 읽고 내가 몰랐던 환경에 대해 새로운 정보도 얻게 되고 막상 실천하지 못했던 것을 한 번 더 생각하고 실천하게 되었어요.

『알지 못하는 이이의 죽음』을 읽고 이야기하면서는 깊고 넓게 생각하게 되고 사고의 전환이 되기도 해서 너무 좋은 시간이었어요.

혼자는 생각할 수 없는데 여러 사람의 생각을 들을 수 있는 것이 복이라고 생각해요.

책으로 여는
우리들의 마당

임효진

(성화초등학교)

시작하기

2017년 1월 비경쟁 독서토론 중심의 책날개 독서교육 직무 연수가 열렸다. 그림책으로 비경쟁 독서토론을 해 보고 각 지역에서 독서교육을 실천하는 활동가와 선생님들의 이야기를 듣기도 했다. 한창 지역별로 디베이트 토론이 이루어질 때 책읽는사회문화재단에서는 김해시 청소년 인문학 읽기 전국대회를 소개했다. 김해시 사례를 들으며 충북에서도 새로운 독서 운동을 펼쳐보자는 생각이 퍼지기 시작했고 학교 독서교육 추진단이 만들어졌다. 기존의 청소년 독서 축제를 어떻게 운영하면 좋을지 의견을 나누다 학교에서 학생을 선발하는 형태가 아니라 학생들이 주체적으로 독서를 즐길 수 있는 독서 축제를 고민해 보았다. 충북 각 지역의 학생들이 한 자리에 모여서 비경쟁 독서토론을 해 보는 건 어떨까? 조금씩 그림이 그려지기 시작했다. 마중물샘으로 비경쟁 독서토론을 알리기 위해 먼저 학교에서 학생들과 함께 해 보자고 주변 선생님들께 권해 보았다.

청소년들이 비경쟁 독서토론을 나누는 모습을 상상하며 몇몇 선생님들이 2017년 8월에 김해시 청소년 인문학읽기 전국대회를 다녀왔다. 200여 명의 청소년들이 1박 2일 동안 질문하는 독자, 토론하는 독사로 참여하며 대화하고 시너지를 만들어 내는 모습은 충분히 감동적이었고 또 우리도 해볼 만하다는 마음을 가지게 했다. 그동안은 교사의 책 읽기에 초점을 맞추었는데 이제는 학생들에게 책으로 소통하는 기회를 제공해 주고 함께 모이는 장을 마련해 주고 싶었다. 교사 자신을 위한 책 읽기가 학생을 위한 독서 활동으로 자연스럽게 확장되어 갔다.

하나의 마당이 되어

한마당 행사 준비 달력

3-4월: 함께할 사람 모이기

바쁜 새학년도가 시작되고 학교 일에 조금씩 적응될 때쯤 11월의 한마당 행사를 준비하기 위해 1년을 함께 준비할 선생님들이 모인다. 첫 회부터 꾸준히 참여해온 선생님들은 중심을 잡아주고 새롭게 합류하는 선생님들은 신선한 활력을 불어 넣어준다. 비경쟁 독서토론에 대한 공동의 이해를 높여 가며 한마당 행사의 의미를 확인하고 1년의 과정을 함께 준비하기 시작한다.

5-6월: 주제 및 주제도서 선정하기,
공문 보내기, 참여 학교 선정하기

주제도서를 선정하는 일은 한마당 준비의 핵심, 백미, 정점, 하이라이트, 모든 것이라고 할 수 있다. 비교적 최근에 출간되어 많은 학생들이 접하지 않은 도서 중에 읽는 재미와 깊은 의미가 나란히 있는 책을 고르는 일은 제법 많은 고민과 생각의 품을 필요로 한다. 도서를 정하고 주제도서를 아우르는 주제를 정하고 나면 거의 모든 준비는 끝난 셈이다. 공문을 발송해서 참여 학교를 모집하고 여러 학교의 색깔을 존중하며 고르게 참여 학교를 선정한다. 비경쟁 독서토론은 책을 좋아하지 않는 학생, 책읽기에 흥미가 없는 학생, 토론을 어려워하는 학생 등 누구나 참여할 수 있다. 다양성이 존재하는 사회에서 타인의 말을 경청할 수 있는 사소하지만 위대한 능력만 있으면 된다.

7-8월: 지도교사 교육과정 워크숍

참여 학교가 확정되면 여름방학 전에 주제도서를 각 학교로 발송하고 지도교사 워크숍을 연다. 참여 학교의 지도 교사들이 모두 모여 함께 그림책을 읽고 비경쟁 독서토론을 직접 해보면서 책과 삶의 이야기를 나누는 방법을 배운다. 학생의 마음이 되어 열성적으로 참여하는 선생님들은 서로 긍정의 에너지를 주고받기도 한다. 지도교사 워크숍에서 작가 소개를 맡을 학교도 정하고 고민되는 지점들을 함께 공유하고 방법을 찾으며 한마당을 위한 하나의 공동체가 되어 간다.

연도	주제	주제 도서
2017	사람다움을 묻다	초등: 진형민의 『소리 질러, 운동장』 중등: 구본권의 『로봇 시대, 인간의 일』, 배미주의 『싱커』
2018	서로를 보다	초등: 박하익의 『도깨비폰을 개통하시겠습니까?』, 김남중의 『싸움의 달인』 중등: 탁경은의 『싸이퍼』, 김고연주의 『나의 첫 젠더 수업』
2019	나를 보다 (기억해요 기록해요)	초등: 한윤섭의 『봉주르, 뚜르』 중등: 박하령의 『발버둥치다』, 416세월호참사 작가기록단의 『다시 봄이 올 거예요』
2020	나, 너, 우리를 들여다보다	초등: 서진의 『아빠를 주문했다』, 윤은주의 『소녀와 소년, 멋진 사람이 되는 법』 중등: 이금이의 『알로하, 나의 엄마들』, 남궁인의 『만약은 없다』

9-10월: 사전질문 받기, 세세한 역할 나누기, 준비물 점검

참여 학생들은 각 학교에서 친구들과 비경쟁 독서토론을 실제로 해 보면서 사전질문을 작성한다. 같은 책을 읽어도 친한 친구들과 비경쟁 독서토론을 하는 일과 한마당 행사 당일 처음 만난 다른 학교 학생들과 함께 이야기를 나누는 일은 성격이 전혀 달라진다. 학생들의 사전질문은 작가에게 전달하고 질문의 경향성을 파악하는 용도로 쓰인다.

한마당 행사 날이 가까워지면 전체 사회자, 공동체 놀이 담당, 음악 담당, 학생들 마이크 담당 등 지원단 선생님들이 함께 세세하게 각자가 할 일을 나눠본다. 지원단 선생님들은 큰 역할이든, 작은 역할이든 기쁘게 받아들이며 묵묵히 자신이 할 일을 찾는다. 누구는 비경쟁 독서토론의 시작과 쉬는 시간을 알리며 징을 치기도 한다. 어떤 선생님은 수십 개의 이젤을 몇 년째 혼자서 싣고 오기도 한다. 이때쯤 문구점에 가서 유성매직, 전지 등의 문구류와 학생들에게 줄 작은 선물, 행사장을 꾸밀 용품을 함께 구입한다.

11월: 한마당 행사 진행, 평가회

한마당 행사 전날에 지원단 선생님들이 모두 모여 행사장을 꾸미고 최종 점검을 한다. 전지 가운데에 주제를 쓰고 색색의 우드락에 모둠 번호와 책표지 인쇄본을 붙인다. 사회자를 위해 큐카드를 작성하기도 한다. 행사가 끝나고 나면 평가회를 하면서 올해의 한마당을 되돌아보며 잘된 점, 부족하거나 수정해야 할 지점들을 공유하며 서로를 격려하고 내년의 한마당을 다시 준비할 마음을 키워간다.

충북 비경쟁 독서토론 한마당 진행 방법

충북 청소년 비경쟁 독서토론 방법은 다음과 같다.

공동체
놀이 → 작가
소개 → 비경쟁
독서
토론 → 갤러리
워킹 → 작가와의
만남 → 소감
나누기

※ 진행 순서는 상황에 따라 변경 가능

공동체 놀이: 놀이로 마음 열기

학생들의 말문을 틔우려면 먼저 그들의 마음을 열어 주어야 한다. 그래서 공동체 놀이가 중요하다. 같은 책을 읽고 이야기할 때 상대방과 짧은 시간에 친해지려면 놀이만큼 좋은 활동도 없다. 공동체 놀이는 낯설었던 공간을 따뜻하고 안전한 공간으로 바꾼다. 서로의 존재를 인정하고, 나의 이야기를 기꺼이 들어줄 상대가 있음을 느끼게 해준다. '스타와 팬클럽', '혼자 왔어요' 등의 놀이를 하며 처음 보는 친구들과 낯선 환경 속에서 얼어있던 학생들이 얼굴에 웃음을 띄우고 점차 편안해지는 모습을 볼 수 있다.

공동체 놀이 추천 활동(대면)

비경쟁 독서토론 참여자에 따라 토론의 분위기는 많이 달라진다. 학급 단위로 이루어질 경우 서로 라포 형성이 되어 있으므로 간단하게 몸과 마음을 열어 주는 놀이 1개라면 충분하다. 그러니 토론자들끼리 처음 만난 사이라면 충분한 공동체 놀이를 통해 책에 대한 자신의 생각과 감정을 편안하게 꺼낼 수 있도록 분위기를 조성해 주는 것이 성공적인 비경쟁 독서토론의 필수조건이다. 놀이 2-3개를 통해 서로의 얼굴을 익히고 토론을 하게 될 이 공간이 참여자들을 환대하고 있다는 것을 알게 해줘야 한다.

여기서는 서로 낯선 토론자들이 비경쟁 독서토론에 참여할 경우로 생각하고 공동체 놀이를 구성해 보았다. '여는 놀이'의 경우 자기 자리에서 앉거나 서서 하는 놀이이며 '중간놀이'와 '마무리놀이'로 향할수록 자기 자리에서 벗어나 토론이 이루어지는 공간을 누비고, 많은 토론자들을 만나 볼 수 있는 놀이로 구성해 보았다. 참여대상, 상황에 따라 놀이 개수와 종류를 달리하여 활용할 수 있다.

		공동체 놀이	참고사항
여는 놀이	내가 꾸며줄께	1. 가위바위보를 한다. 2. 이긴 사람이 진 사람 얼굴에 스티커를 붙여 예쁘게 꾸며준다. 3. 3-4번 반복한다.	단순한 놀이지만 상대방의 얼굴을 바라보고 스티커를 붙이며 웃을 수밖에 없게 된다. 학생들의 경우 스티커 붙인 얼굴 그대로 비경쟁 독서토론에 참여하기도 한다.
	이심전심	1. 2명이서 짝을 지어 마주 보고 선다. 2. 사회자가 2개의 선택지를 외친다. 예) "짬뽕, 짜장면" 3. 사회자의 박자에 맞춰 자기가 더 선호하는 선택지를 외친다. 4. 짝과 마음이 통했으면 살아남는다. 마음이 통하지 않았다면 자리에 앉는다.	마음이 통했든 통하지 않았든 선택지를 고르며 낯선 이와 말문이 트이게 된다.
	하늘 땅	1. 2명이서 짝을 지어 주먹탑을 쌓는다. 2. 사회자가 '하늘'을 외치면 맨 아래 주먹을 제일 외로 올린다. 3. 사회자가 '땅'을 외치면 맨 위 주먹을 제일 아래로 외친다. 4. 사회자가 '서로'를 외치면 가장 위에 있는 손이 가장 아래에 있는 손을 쾅하고 친다.	간단한 손놀이가 만들어내는 친밀감은 언제나 놀랍다.

중간
놀이
	정글로
	가면
		1. 앉은 순서대로 참여자에게 사자,
		   원숭이, 코끼리로 동물을 배정한다.
		2. 앉을 수 있는 의자 하나를 뺀다.
		3. 다 함께 '정글로 가면~ 정글로
		   가면~'을 외친다.
		4. 술래가 사자를 외치면 사자인
		   사람들만 일어나서 자리를 이동
		   한다.
		5. 자리에 앉지 못한 사람이 술래
		   가 된다.
		6. 술래가 '아아아~'하고 타잔 흉내
		   를 내면 참여자 모두 자리를 옮
		   긴다.
			샐러드 게임 변형놀이다.
			주제에 따라 참여자에게
			부여하는 캐릭터를 무한
			정 변형시킬 수 있다. 놀
			이를 전체 대상으로 진
			행하면서 참여자들은 토
			론이 열리는 공간 이곳
			저곳을 가볼 수 있다.

	꼬인손
	풀기
		1. 모둠원들과 원형으로 선다.
		2. 오른팔을 위로 올려 손등이 보
		   이게 왼팔은 밑으로 내려 손바
		   닥이 보이게 손을 마주 잡는다.
		3. 협동하면서 꼬인 손을 푼다.
			꼬인 손을 풀기 위해선
			협동을 할 수밖에 없다.
			꼬인 손을 다 풀고 나서
			의 뿌듯함은 덤!

	아파트	1. 모둠원들과 원형으로 선다.
		2. '아파트'라고 외치면 두 손을 모
		   두 가운데에 랜덤으로 쌓는다
		3. 사회자가 '7층' 등 층수를 말한다.
		4. 손이 가장 아래에 있는 사람부
		   터 1층하면서 손을 빼며 제일 위
		   로 가서 다시 쌓는다.
		5. 사회자가 말한 7층에 손이 있는
		   사람 얼굴에 스티커를 붙인다.
			앞선 여는 게임 중 '하늘
			땅'의 확장판 손놀이다.
			놀이 내내 탄식과 웃음
			이 끊이지 않는다.

마무리
놀이
	스타와
	팬클럽
		1. 2명씩 짝을 지어 가위바위보를
		   해서 이긴 사람은 스타, 진 사람
		   은 팬이 된다.
		2. 팬은 스타의 뒤로 가서 어깨에
		   손을 얹어 기차를 만든다.
		3. 팬은 스타를 따라다니며 스타
		   이름을 외치며 열렬한 응원을
		   시작한다.	

4. 비슷한 인원으로 구성된 다른 팀을 만나서 스타끼리 가위바위보를 한다.
5. 진팀은 이긴팀 스타의 뒤로 길게 붙는다. 계속해서 스타의 이름을 외친다.
6. 가위바위보를 해서 최후의 1인이 된 스타가 오늘의 스타가 된다.
7. 최후의 스타 이름을 외치며 한 바퀴를 돈다.

아직까지 이보다 완벽한 마무리 놀이를 찾지 못했다. 놀이가 끝날 때쯤에는 참여자들이 길게 기차를 만든 형태이므로 자연스럽게 앞쪽으로 데리고 와 전체 행사 사진을 찍을 수 있다. 사진을 찍고 함께 최후의 스타 1인에게 간단한 인터뷰를 진행하기도 한다.

공동체 놀이 추천 활동(비대면)

비대면 상황에서 비경쟁 독서토론을 운영하는 경우에도 공동체 놀이는 필수다. 실시간 쌍방향 플랫폼의 특성상 몸과 마음을 열어 주기란 여간 쉽지가 않다. 인터넷에서 검색을 통해 수백 가지 비대면 놀이를 발견할 수 있지만 그 중에서 좀 더 비경쟁 독서토론의 성격에 부합하는 공동체 놀이를 선정해 보았다. 대면상황인 경우의 비경쟁 독서토론이라면 공동체놀이 2-3가지로 시간을 길게 구성하지만 비대면 상황에서는 집중력 유지가 쉽지 않으므로 간단한 놀이 1-2개로 시간을 짧게 편성하는 것을 추천한다. 더불어 참여자 모두의 얼굴을 관찰할 수 있는 놀이를 필수적으로 구성하는 것이 좋다. 서로의 얼굴에 조금이나마 익숙해지면 이어지는 비경쟁 독서토론에 참여하기가 쉬워진다.

		공동체 놀이	참고사항
참가자 전체 얼굴을 보며 하는 놀이	손가락 접어! (손병호 게임)	1. 다섯손가락을 모두 펴서 카메라 앞에 둔다. 2. 돌아가면서 한 사람씩 특정한 사람에 대해 말한다. 　예) "파란색 티셔츠 입은 사람 접어" 3. 해당하는 사람은 한 손가락씩 접는다. 4. 다섯 손가락이 모두 접힌 사람은 벌칙을 받는다.	벌칙 대신 간단한 인터뷰를 통해 현재의 마음 상태, 비경쟁 독서토론에 참여하게 된 이유 등을 물어본다면 허용적인 분위기 형성에 도움이 된다.
참가자 전체 얼굴을 보며 하는 놀이	사진찍기 '찰칵'	1. '사진찍기 찰칵' 구호를 다함께 외친다. 2. 술래는 '찰칵' 구호를 외칠 때 원하는 포즈를 취한다. 다른 사람들은 모두 술래의 포즈를 따라 한다. 3. 돌아가면서 술래를 맡고 술래와 똑같은 포즈 취하기	비대면 만남이지만 포즈를 따라 하며 자연스럽게 몸을 움직이게 되고 화면을 통해 동일한 포즈를 취하는 여러 사람들의 모습은 항상 즐겁다. 이때 인증샷을 남길 수도 있다.
	뜨거운 감사	1. 사회자가 뜨거운 감자를 쥐고 있는 연기를 하며 참가자 중 1명의 이름을 부르며 던진다. 　예) "아뜨뜨 너무 뜨거워! 영철아, 뜨거운 감자 받아요!" 2. 뜨거운 감사를 받은 사람은 나시 명연기를 펼치며 다른 사람을 지목하여 뜨거운 감자를 던진다. 3. 모든 사람이 뜨거운 감자를 받았으면 자연스럽게 종료한다.	호들갑 떨며 뜨거운 감자를 받고 던지는 연기를 보는 것이 핵심이며 웃음이 터지지 않을 수 없는 게임이다.

간단하지만 효과적인 비대면 놀이	침묵놀이	1. 술래가 음소거를 한 채, 카메라 앞에서 입을 크게 보이며 제시어를 말한다. 2. 술래의 입모양만 보고 다른 참가자들은 제시어를 추측하여 채팅방을 통해 정답을 적는다.	실시간화상프로그램 특성상 소리가 맞물리면 듣기가 괴롭다. 이때는 채팅방을 이용하는 방법을 추천한다.
	초성놀이	1. PPT로 미리 초성 문제를 만들어 둔다. 책과 관련된 단어도 좋고, 화제어나 속담도 좋다. 2. PPT화면 공유를 통해 전체가 PPT를 보며 정답을 알고 있는 참가자는 재빨리 채팅방에 정답을 적는다.	엉뚱한 대답을 적어 주는 참가자들이 많아 자연스럽게 웃음을 유발할 수 있으며 자연스럽게 책과 관련한 제시어를 넣어 다음 순서로 넘어갈 수 있다.

* 참가자 전체 얼굴이 화면에 나올 수 있도록 실시간 쌍방향 프로그램 설정 필수

작가 소개

작가 소개는 초등부, 중·고등부 모두 학생들이 직접 준비했다. 2-3명의 진행자가 대담을 나누는 방식으로 진행한 팀도 있고, 철저한 자료조사를 바탕으로 작가에 대한 프리젠테이션을 준비한 팀도 있다. 작가 소개 후 직접 토론 참가자들을 대상으로 퀴즈를 내기도 한다. 학생들의 작가 소개는 무척 기발하고 생생하다. 누구도 차마 주목하지 않았던 정보를 가져와 작가님을 웃게 만들기도 한다.

비경쟁 독서토론:
꼬리에 꼬리를 무는 질문 속에 생각을 확장하는 독서토론

초등학생들은 3차례, 중등 학생들은 4차례의 모둠별 비경쟁 독서토론을 진행한다. 한 차례의 모둠별 토론은 [토론]→[토론 내용을 바탕으로 질문 만들기]→[다른 모둠으로 이동] 순서로 진행된다. 초등부는 토론 10분, 질문

만들기 5분, 이동 5분씩 3차례의 독서토론을, 중·고등부는 토론 15-20분, 질문 만들기 5분, 이동 5분씩 4차례의 토론을 진행했다. 1-4차 토론 시간을 모두 같게 할 수도 있지만, 토론이 진행될수록 학생들의 대화가 무르익는 경향이 있으니 3-4차 토론 시간을 1-2차 토론에 비해 길게 줄 수도 있다.

모둠별 인원은 장소, 학생들의 상황에 따라 자유롭게 정할 수 있지만 6명 정도가 가장 적당하다. 첫 번째 토론에서 모둠지기를 정하고 모둠 친구들과 함께 자유롭게 책에 대한 이야기를 나눈다. 학생들이 대화를 시작하기 어려워한다면 책을 읽고 떠올랐던 '키워드'를 한 가지씩 말해 보거나, 책을 읽은 소감, 인상 깊었던 장면 등을 나누며 토론을 시작한다. 토론 중 친구가 했던 말이나 내가 한 말, 떠오르는 생각 등을 테이블 위에 펼쳐진 전지에 자유롭게 적는다.

첫 번째 토론이 끝나면 모둠 친구들과 함께 하나의 질문을 만들어 전지와 모둠 테이블 옆에 놓인 우드락에 적고, 모둠지기를 제외한 학생들은 다른 모둠으로 이동한다. 친구들이 만든 질문들을 천천히 둘러보며 가장 마음에 드는 질문, 이야기를 나누어 보고 싶은 질문이 있는 모둠에 앉는다. 모둠지기는 새로 온 친구들에게 이 질문을 만들게 된 과정을 간단히 설명을 하며, 다음 토론을 시작한다.

1차 토론과 같은 방법으로 2-4차 토론을 진행한 뒤, 다시 첫 모둠으로 돌아온다. 전지에 가득 적힌 질문들과 낙서들을 통해 우리의 첫 번째 질문이 어떻게 확장되었는지 확인할 수 있다.

갤러리 워킹

갤러리 워킹은 모둠별 비경쟁 독서토론의 결과를 확인하는 과정이다. 모둠에서 만든 질문을 적은 우드락을 한곳에 모아 갤러리를 만들고, 학생들은 갤러리를 돌아다니며 마음에 드는 질문, 의미 있는 질문, 이야기를 나누어 보고 싶은 질문 등에 스티커를 붙인다.

학생들의 질문과 스티커는 행사에 참여하는 작가에게 중요한 힌트가 된다. 학생들이 어떤 것을 궁금해하는지, 작가에게 어떤 이야기를 듣고 싶은지 확인할 수 있기 때문이다.

작가와의 만남: 작가 강연이 아닌 학생들과 작가와의 대화

비경쟁 독서토론에 참여하는 작가님들께 늘 한 가지 부탁을 드린다. 이 행사가 작가 강연회가 아닌 작가와 학생들의 대화가 될 수 있도록 학생들의 말에 귀를 기울여 달라고 말이다. 먼저 사회자(교사)의 진행에 따라 우드락에 적힌 질문들에 대한 작가의 답변을 듣는다. 학생들의 톡톡 튀는 즉석 질문도 이어진다. 책에 대한 학생들의 생각과 작가의 답변이 자유로이 오고 가는 민주적 대화의 모습은 사뭇 감동적이다.

2명의 작가가 행사에 참여할 경우, 두 작가와의 만남을 한곳에서 동시에 진행하기도 하고, 전체 학생들을 두 모둠으로 나누어 교대로 두 만남을 진행하기도 한다.

소감 나누기

마지막으로 비경쟁 독서토론 한마당에 참여한 소감문을 작성하고 발표하는 시간을 갖는다. 밝은 미소와 반짝이는 눈으로 소감을 밝히는 학생들의 모습은 행사를 준비하는 과정에서 느꼈던 모든 피로와 고민들을 잊게 만든다. 소감을 나눈 뒤에는 작가 사인회, 작가와의 사진 촬영으로 행사를 마무리한다. 학생들이 작성한 소감문은 비경쟁 독서토론 한마당을 준비하는 교사들에게 무척 중요한 자료이다. 이번 행사의 좋았던 점, 아쉬웠던 점을 알게 되는 하나의 평가 자료이기 때문이다.

자발성의 힘

충북 청소년 비경쟁 독서토론 한마당을 준비하고 실행하면서 매번 여러 우여곡절이 생기지만 항상 기대했던 것보다 훨씬 더 아름답게 마무리된다. 무엇보다 시작이 참 좋았다. 한마당 행사는 교사의 자발성을 바탕으로 학생들에게 책으로 소통하는 기회를 주기 위해 만들어졌다. 교사들이 먼저 학생들을 위한 행사를 계획하면서 함께 해 보자는 마음이 모아졌고, 이를 실현하기 위해 교육청과 시민단체의 지원을 받는 전 과정이 매끄럽게 이어져갔다. 지원단은 세부사항을 직접 계획하고 책임감을 가지며 실현시켜 나가고, 교육청은 공문을 발송하는 등 행정적인 일을 도맡고, 책사회는 수시로 서울과 청주를 오가며 아낌없는 지원을 해 주었다.

언젠가의 한마당 행사가 끝나고 지원단 선생님들과 치열하게 자체 평가를 한 뒤 마지막으로 책사회 이경근 이사님이 이야기를 덧붙였다. "여기에 오면 막연하게 내가 원하는 세상을 현실로 경험할 수 있게 된다. 각자가 자발적으로 민주적으로 평등하게 일을 즐기는 모습을 보며 자유가 느껴진다. 선생님들이 학교에 가서도 자유롭게 일했으면 좋겠다." 매년 행사를 준비하며 여전히 좌충우돌 하게 되지만 그래도 여러 사람들과 즐겁게 해 나가는 모습은 그 자체로 큰 감동이었다. 매해 어떤 한마당이 그려질지 모르지만 과정은 무조건 즐거웠으면 좋겠다. 결국 우리가 즐거우면 성공이 된다.

교사의 자발성을 바탕으로 한마당 행사가 만들어져서 마중물샘이 없어지지 않는 이상 이 행사는 계속해서 이어질 것이라는 믿음이 있다. 꾸준히 한마당이 유지될 수 있는 이유는 다양한 색깔을 가진 선생님들의 협업 덕분이기도 하다. 저마다 다른 개성의 운영진들이 모여 모임이 유지되고 새로운 운영진이 지속적으로 들어오면서 뿌리가 단단해질 수 있었다. 각자의 직함을 떠나 하나의 공동체가 되어 함께하는 과정이 참 즐겁다. 학생과 교사, 교육청과 책사회 모두가 성장하며 서로가 영향을 주고받으며 소담한 줄기가 되고 든든한 가지가 되어 비경쟁 독서토론과 함께 책 읽기를 퍼트려 나간다.

또 다른 마당으로

매년 한마당 행사가 끝나고 평가회를 하며 학생들의 소감문을 읽어본다. 저마다의 얼굴들과 함께 학생들의 문장들은 마음 속 깊이 남아 다음 행사를 준비하게 하는 원동력이 된다. 4년 동안 크고 작은 변화들이 있었지만 지치지 않고 꾸준히 할 수 있는 힘이 여기에 있었다.

행사를 준비하고 실행하면서 만난 사람들에게 무한한 감동을 받는다. 누구도 강요하지 않았는데 주체가 되어 일하고 있는 지원단 선생님들, 학생들과 함께 만났던 열정적인 지도교사 선생님들, 교사들이 꿈꾸는 한마당이 실현될 수 있도록 지원을 아끼지 않은 교육청과 책사회, 그리고 책과 함께 이어진 청소년들. 모두가 함께했던 시간들은 거창하지는 않아도 서로가 성장할 수 있는 밑거름이 되었다.

청소년 비경쟁 독서토론 한마당을 참여한 학생들의 기억은 가지각색이었다. 대부분의 학생들은 다른 학교 친구들을 만나는 일을 즐거워했고, 어떤 초등학생은 맛있는 간식이 제일 좋았다고도 했다. 재밌게 읽은 책의 작가님을 직접 만나는 일만으로도 참 행복했다고 한다. 학교에서는 책 이야기를 나눌 친구가 없었는데 이곳에는 책과 관련된 대화가 너무나 자연스러운 일이어서 좋았다는 학생들도 있었다. 곁에 있는 사람들과 책 이야기를 나누기 시작하면서 자신과 주변의 삶에 관심을 갖기 시작한다. 우리의 역할은 학생들에게 책으로 소통하는 마당을 계속해서 펼쳐주는 것이다. 앞으로도 꾸준히 여기저기에서 이러한 마당들이 늘어나길 바란다.

그림책으로 시작하는
비경쟁 독서토론

정혜영

(개신초등학교)

시간이 없는 초등교사는 여기만 보시면 됩니다.

교실 안에서 가장 쉽게 비경쟁 독서토론을 시작하는 책으로 그림책을 추천한다. 학생들이 개별적으로 읽어오지 않아도 돼 부담이 없고, 책을 매개로 이야기 나누는 기쁨은 충만히 느낄 수 있기 때문이다. 더불어 그림책으로 시작하는 비경쟁 독서토론은 '한 학기 한 권 읽기' 활동의 발판이 되어 다양하게 뻗어 나갈 수 있다. 비경쟁 독서토론 수업은 대표적으로 다음과 같은 성취기준과 연계된다.

성취기준

- [6국01-01] 구어 의사소통의 특성을 바탕으로 하여 듣기 · 말하기 활동을 한다.
- [6국01-07] 상대가 처한 상황을 이해하고 공감하며 듣는 태도를 지닌다.
- [6국02-01] 읽기는 배경지식을 활용하여 의미를 구성하는 과정임을 이해하고 글을 읽는다.
- [6국05-05] 작품에 대한 이해와 감상을 바탕으로 하여 다른 사람과 적극적으로 소통한다.

우선 학급 특성에 맞는 그림책 선정이 이루어져야 한다. 나 같은 경우 평소 학급 운영시 고민되는 주제를 담은 그림책을 선정하는 편이다. 직접적으로 훈계를 하거나 설명하는 것보다 그림책을 읽고 비경쟁 독서토론을 하면서 해당 주제에 대해 학생들 스스로 훌륭한 결론에 이르게 되는 경우가 많기 때문이다. 또한 토론거리가 풍부할수록 학생들끼리 오가는

이야기가 많아지므로 비경쟁 독서토론을 처음으로 도전할 경우 다음과
같은 그림책을 추천한다.

토론거리가 풍부한 그림책 목록

차례	도서명	저자	출판사	주제 중 일부 (다양하게 바라볼 수 있음)
1	『이까짓 거!』	박현주	이야기꽃	당당하게 살아가기
2	『미움』	조원희	만만한 책방	미움이 나를 사로잡을 때
3	『파랑 오리』	릴리아	킨더랜드	서로 돌보는 관계, 가족이 되어 감
4	『선생님은 몬스터!』	피터 브라운	사계절	서로에 대한 이해. 새로운 만남
5	『풀친구』	사이다	웅진 주니어	다름, 다양성, 난민, 다문화, 생태
6	『그건 내 조끼야』	나카에 요시오	비룡소	입장의 차이
7	『나의 독산동』	유은실	문학과 지성사	우리 동네, 이웃
8	『저어새는 왜』	김대규	이야기꽃	생태, 멸종위기, 쓰레기, 플라스틱
9	『물이 되는 꿈』	루시드폴	청어람 아이	자유로움, 장애, 예술적 표현
10	『괜찮을 거야』	시드니 스미스	책읽는곰	읽어버린 작은 존재를 찾아, 위안
11	『내 친구 지구』	패트리샤 매클라클랜	미디어 창비	살아있는 지구, 연결
12	『슈퍼 토끼』	유설화	책읽는곰	나답게 살기
13	『곰씨의 의자』	노인경	문학동네	거절의 어려움, 관계 속 거리두기
14	『인사』	김성미	책읽는곰	관계, 오해, 이웃, 뜻밖의 해결

15	『파란 의자』	클로드 부종	비룡소	상상, 새롭게 바라보기
16	『씩스틴』	권윤덕	평화를 품은책	화해와 연대, 평화, 민주주의, 5.18
17	『프레드릭』	레오 리오니	시공 주니어	다름에 대한 존중, 예술, 삶을 위해 필요한 것
18	『하하하, 장난이야!』	션 테일러	북극곰	관계, 유쾌한 대처
19	『쉬피옹과 멋진 친구들』	프랑수아 모몽	여유당	우정, 관계, 도움
20	『벽』	정진호	비룡소	관점, 따뜻한 시선

　　평소 익숙한 학급 구성원임에도 불구하고 책을 매개로 자신의 생각과 감정을 이야기하는 것은 한 차원 더 나아가는 일이다. 그러므로 먼저 간단한 공동체 놀이로 편안하고 수용적인 분위기를 형성해야 한다. 세 번의 토론 마당을 거쳐야 하므로 연차시로 수업구성을 추천한다. 다음은 간략한 수업구성 예시이다.

비경쟁 독서토론 수업안

마음 열기 (10')	▪ 공동체 놀이 　- 공동체 놀이로 몸과 마음을 열어 수용적인 분위기 형성하기.	
활동1 (15')	▪ 비경쟁 독서토론 약속과 방법 　- 토론 시 지켜야 할 약속 정하기, 토론 순서 익히고 모둠지기 선정하기. ▪ 함께 읽기 　- 그림책 함께 읽기('작가가 읽어 주는 그림책' 영상 활용 가능).	
활동2 (10')	▪ 책 소감 나누며 이야깃거리 만들기 　- 비경쟁 독서토론 쉽게 시작할 수 있게 브레인라이팅(포스트잇, 칠판)으 　　로 이야깃거리 만들기. 　- 모둠별로 이야깃거리 선택하기.	
활동2 (35')	▪ 첫 번째 토론 　- 서로 책에 대한 느낌 나누기, 각자의 경험 공유하기, 질문 만들기. ▪ 두 번째 토론 　- 모둠지기가 첫 번째 토론 내용 소개하기, 이야기 나누기, 질문 만들기. ▪ 세 번째 토론 　- 모둠지기가 이전 토론 내용 소개하기, 이야기 나누기, 질문 또는 문장 　　만들기. ▪ 처음 모둠으로 되돌아가기. 　- 처음 만든 질문이 어떤 흐름으로 나아갔는지 살펴보기.	
정리 (10')	▪ 전체 공유 및 소감 나눔 　- 모둠별로 만든 질문 발표하기/모둠 내에서 토론한 내용 전체 공유하기. 　- 활동한 소감 포스트잇에 적고 발표하기.	
준비물	- 브레인라이팅 도구(포스트잇이나 육각형 자석보드), 켄트전지, 매직 및 네 　　임펜 세트	

모둠구성원은 원활한 토론을 위하여 4-6인 이내로 한다. 모둠지기는 자리를 이동하지 않고 앞 토론 내용을 소개하며 세 차례 이어지는 토론의 징검다리 역할을 해야 한다. 모둠지기 선정 방법은 여러 가지가 있는데 희망자를 받는 경우, 아니면 징검다리 역할을 잘해줄 친구를 모둠 안에서 추천하는 방법, 무작위 추첨 등 학급 상황에 맞게 선택하면 된다. 어떤 방법을 선택하든 자율적으로 학생들이 즐겁게 모둠지기를 선정하는 것이 가장 중요하다. 자리의 이동 없이 모둠 안에 머무는 모둠지기 역할을 기피하는 학생들도 있다. 이런 경우 모둠지기의 고생스런 모습에 감사를 표하거나 작은 상품을 준비해 답례할 수도 있다. 토론 시작부터 끝까지 모둠 책상 위에는 비경쟁 독서토론에서 만들어지는 질문을 적을 켄트전지가 놓여 있어야 한다. 전지에는 질문뿐 아니라 이야기를 하는 과정에서 오고 가는 단어를 적을 수도 있고 단순히 낙서를 할 수도 있다. 내성적인 성향의 학생들의 경우 편하게 끄적일 수 있는 켄트지 앞에서 안정감을 얻곤 한다.

그림책은 교실 전체가 함께 볼 수 있도록 스캔을 한 뒤 화면에 띄우고 교사가 읽는 방식을 추천한다. 웹상에 '작가가 읽어 주는 그림책' 등 그림책 읽어 주는 영상이 많으므로 해당 동영상을 이용하는 방법도 있다. 비경쟁 독서토론을 처음 접하는 학생들의 경우 말문이 쉽게 트이지 않는다. 그러므로 브레인라이팅 기법을 사용하여 책의 키워드 뽑기, 인상 깊은 내용 한 단어로 표현해 보기 활동을 거쳐 작성한 포스트잇을 함께 유목화하거나 살펴본 후 모둠별로 이야깃거리를 선택하여 첫 번째 토론을 시작할 수도 있다.

첫 번째 토론이 시작된 후 교사의 본격적인 고민이 시작된다. 이야기를 소극적으로 나누는 모둠을 재빠른 매처럼 포착한 후 다가가 여러 이야깃거리를 던져줄 수도 있다. 하지만 이러한 역할이 과하면 교사가 말하고 학생들은 듣기만 하는 비경쟁 독서토론과는 전혀 어울리지 않는 모습이 만들어지기도 한다. 어른들을 대상으로 비경쟁 독서토론을 진행해도 첫 번째 마당은 어색함이 넘친다. 교사의 적절한 개입은 필요하지만 비경쟁 독서토론의 취지인 자유롭고 수평적이며 협동적인 토론을 항상 잊어서는 안 된다.

토론은 횟수를 거듭할수록 시간 배분을 조금씩 늘리는 것을 추천한다. 이야기는 나눌수록 깊어지는 경향이 있어 첫 번째 마당에서는 어색함에 토론을 마무리하지만 두 번째, 세 번째 마당으로 갈수록 시간이 부족하다고 말하는 모둠이 늘어난다. 위의 수업구성안은 처음으로 시작하는 비경쟁 독서토론을 고려하여 35분 안에 3번의 토론을 모두 끝낼 수 있도록 계획했지만 학급의 특성, 주제에 따라 토론 시간을 전체적으로 늘릴 수도 있다.

매 토론 시 모둠 안에서 나눈 이야기를 토대로 질문을 한 가지씩 만들어야 한다. 토론이 시작될 무렵 학생들에게 토론을 한 뒤 질문을 만들어야 한다고 안내하면 간혹 이야기를 나누는 것보다 질문 만들기에 집착을 하는 학생들이 있다. 토론 초반에 질문을 미리 만들어 두고 이야기를 나누는 경우도 있다. 질문은 비경쟁 독서토론에서 무척 중요하지만 그보다 더 중요한 것은 서로 이야기를 활발하게 나누는 것이다. 그러므로 질문 만들기에만 집중하지 않도록 토론 시작 시 이야기를 나누어달라고만 안내한 뒤 토론이 끝나기 3-5분 전쯤 "이제 질문을 만들어 주세요"라고 안내하면 이 때까지 나누었던 이야기를 토대로 자연스럽게 질문이 만들어진다.

그림책으로 시작하는 비경쟁 독서토론의 실패

학교 외부에서 약 100명의 초등학생들을 대상으로 비경쟁 독서토론을 운영한 경험이 있고 매달 다양한 선생님들과 비경쟁 독서토론에 직접 참여했으므로 학급 안에서의 비경쟁 독서토론은 무척이나 손쉽게 여겨졌다. 그런데 아뿔싸! 학급내 그림책으로 시작하는 비경쟁 독서토론은 '대! 실! 패!'로 끝나고 말았다. 서로 이미 너무 잘 알고 있는 학급내 학생들에겐 비경쟁 독서토론의 규칙 '진실하게 내 이야기를 합니다.', '상대방을 경청하고 격려해 주세요.' 등이 오글거리게 느껴질 뿐이었다. 또한 서로에 대한 이미지가 고착화된 경우가 많아 상대방이 누구냐에 따라 자신의 이야기를 꺼내 놓는 범위와 경청의 노력정도가 학생들의 내면에 강하게 규정되어 있었다. 외부에서 100명의 초등학생들이 비경쟁 독서토론을 하는 경우 서로 낯설기에 생기는 어색함과 상대방과 친해지고 싶은 마음이 자연스럽게 서로를 존중하는 분위기를 만들어 주었다면 학급 내에서는 자연스럽게 서로를 규정짓고, 장난치는 분위기가 형성되어 있었다. 누군가 진지하게 그림책을 읽고 난 후 자신의 생각을 이야기하면 경청하기보다는 말꼬리를 잡거나 동문서답을 하는 경우가 많았다.

유진: 책 속 주인공이 너무 치사해요.

예준: 지는…

토론이 아니라 말다툼이 벌어지고 있는 모둠도 있었다. 책을 읽고 궁금한 내용을 물어보는 학생에게도 매몰차게 무시와 놀림이 돌아갔다.

서연: 난민이 뭐야?

재윤: 아 무식하긴. 넌 그런 것도 모르냐?

서연: 너도 지금 모르면서 아는 척하지? 어이가 없네.

각 토론마당을 거치고 만들어 내는 질문들의 내용도 외부행사와 비교하여 장난스럽기 그지없었다. 첫 번째 마당을 경악스럽게 지켜본 후 두번째 마당에선 비경쟁 독서토론에서 아주 자제해야 할 교사의 간섭과 훈계가 튀어나왔다. "장난 그만하세요.", "진지하게 이야기 들어 주세요.", "이 질문 진짜 궁금한 거긴 해요?" 등의 말들을 반복하며 정신없이 세 번째 마당까지 끝내고 나는 파김치가 되었다. 외부행사에서 목격했던 진지하게 책을 매개로 이야기를 나누던 아름다운 초등학생들의 모습과 수업시간에 실컷 떠들 수 있어서 즐거워하는 우리 반 학생들의 모습이 교차되어 내 머릿속에 둥둥 떠다녔다.

나는 왜 실패했을까?

실패의 핵심적 원인은 산만하고 장난기 넘치는 우리 반 학생들이라고 생각했다. 우리 반 학생들이 좀 더 침착하고 서로를 격려해 주는 분위기였다면 이렇게 비경쟁 독서토론이 대실패로 끝나지는 않았을 것 같았다. 그럼 우리 학급은 왜 침착하지 못하고 서로에게 장난치기 바쁜 걸까? 결론은 역량부족인 담임교사 '나'의 문제로 귀결되었다. 비경쟁 독서토론 수업의 실패가 창피하여 함께 비경쟁 독서토론을 공부하는 선생님들께 말씀드리지도 못했다. 자연스럽게 내가 담당교사로 있는 학급, 동아리 등 친숙한집단을 대상으로 비경쟁 독서토론을 진행하지 않았다. 긴 토론 시간 내내장난치는 학생들의 모습이 보기 싫었고 그 모습을 어떻게든 바꿔보려고 계속 간섭하는 내 모습도 싫었다. 반면 외부에서는 열심히 비경쟁 독서토론에 참여하고, 낯선 학생들을 대상으로 토론행사를 운영했다. 가정에는 충실하지 못하면서 외부 사람에게만 애정을 쏟는 아내나 남편의 심정이긴 했지만 직면하는 데에는 용기가 필요했고 내겐 그 용기가 없었다.

그런데 용기는 생각지도 못한 곳에서 옮겨 붙었다. 함께 이 책을 쓰기 위해 회의를 하는 도중 비경쟁 독서토론의 전문가로 생각하고 있었던 선생님들께서도 나와 마찬가지로 학급을 대상으로 비경쟁 독서토론을 운영했을 경우 외부에서 진행하는 비경쟁 독서토론보다 더 힘들고 운영이 잘되지 않았다고 이야기해 주셨다. 공통의 경험을 토대로 학급 내 비경쟁 독서토론의 실패 원인을 분석해 보았다. 서로에 대한 낯설음이 주는 어색함 속에서 생겨나는 존중에 대해 이야기했고 익숙한 상대에게선 편한 만큼 그러한 존중이 만들어지는 것이 쉽지 않다는 것에 모두 동의했다. 야호! 내 문제가 아니었던 것이다. 누구나 겪을 수 있는 문제였다! 선생님들의 진솔한 실패고백에 나도 내 실패를 고백할 수 있었고 이를 토대로 학급내 비경쟁 독서토론 실패의 원인을 구체적으로 분석할 용기가 생겼다.

실패의 구체적인 원인을 찾자

우선 첫 번째, 첫술에 배 부르려고 한 '나' 자신이다. 약 100명의 초등학생들을 대상으로 하는 청소년 비경쟁 독서토론 행사의 경우 각 학교 학생들이 3-4명씩 참여하는데 행사 참여 전 지도교사와 함께 책을 완독하고, 비경쟁 독서토론을 한 차례 경험하고 해당 행사에 참여를 한다. 청소년 비경쟁 독서토론 행사가 비경쟁 독서토론의 가치와 취지를 잘 살릴 수 있었던 것은 각 학교 지도교사의 노력으로 학생들이 훈련을 이미 거쳤기 때문이다. 비경쟁 독서토론은 컵라면처럼 바로 완성되는 수업기법이 아니다. 비경쟁 독서토론에 참여하면 지도교사도 행복하고, 참여하는 학생들도 행복하다. 심지어 그 과정에서 책을 통한 자아의 확장까지 이루어진다. 이런 토론이 한 번의 시도만으로 성공한다면 그게 더 이상한 일이다. (생각해 보면 바로 완성되는 수업기법이라는 것이 존재하긴 하는가?) 또한 비경쟁 독서토론에 참여하는 인원 수에 따라 핵심적인 토론방식이 변하지는 않는다. 인원이 적어졌다고 더 쉬워지는 법이 아닌데 나도 모르게 학급 내 25명 학생 정도면 100명의 학생들을 대상으로 했을 때보다는 비경쟁 독서토론 적용이 쉽다고 생각했다.

두 번째, 학급내 학생들의 관계 형성이 이미 고착화되어 있어 이야기를 나누고 경청하는 과정이 원활하지 않다는 점이다. 이 문제에선 이선생님께서 힌트를 주셨다. 우리가 항상 사용하던 비경쟁 독서토론의 느슨한 규칙 및 방법을 학급대상으로 적용하는 경우 수정해야 할 필요가 있지 않을까 하는 질문을 던져주셨다. 하지만 실패한 수업을 떠올리기 싫어 내면의 구덩이에 묻어 놓은 채로 시간이 너무 지나가 버려 어떻게 수정해야 할지는 감이 오지 않았다. 다시 한번 비경쟁 독서토론 수업에 부딪쳐 보는 수밖에 없었다.

다시 도전하는 그림책으로 시작하는 비경쟁 독서토론

토론 시작 전 차근차근 준비하기

처음에 제시한 수업구성 예시안 그대로 조원희 작가의 그림책 『미움』으로 비경쟁 독서토론 수업을 진행했다. 평소 사용하던 느슨한 비경쟁 독서토론의 규칙과 방법을 변경해 보려고 했으나 여러 해 동안 다듬어져 더할 나위 없는 내용만 담고 있어 변경하기보다는 강조할 내용을 표시하고, 규칙과 방법을 설명하는 데 더 많은 시간을 할애했다.

비경쟁 독서토론 약간의 규칙

1. 진실하게 내 얘기를 합니다. 내 경험 ok.
2. 질문은 책 내용과 관계없어도 되고, 질문들끼리 서로 관계없어도 됩니다.
3. 내가 궁금한 것을 질문하거나 나에게 질문합니다.
4. 주제나 저자의 의도를 찾지 않아도 됩니다.
5. 떠오르는 생각을 자유롭게 이야기 합니다.
6. 남의 생각을 묻고 싶으면 내 생각부터 말합니다.
7. 말하고 싶지 않으면 하지 않습니다.

비경쟁 독서토론 방법

● 모둠지기 한 명을 정해 주세요. 책을 읽으며 했던 생각을 자유롭게 나누며 이야기해요. 경청하고 격려하고 낙서하면서요. 함께 첫 번째 질문을 만들고 다른 모둠으로 이동합니다.

● 마음에 드는 질문이 있는 곳으로 자리를 잡고 질문에 대한 토론을 시작합니다. 모둠지기는 모둠에 붙박이로 있으면서 어떤 이야기를 했는지 소개합니다. 두 번째 질문을 만들고 다른 모둠으로 다시 자리를 옮깁니다.

● 세 차례 토론을 이어간 후 마지막에는 세 번째 질문 또는 결론을 만듭니다.

● 처음 모둠으로 돌아갑니다. 첫 번째 질문이 어떻게 전개되었는지 살펴보고 소감 나누기를 합니다.

평소 사용하던 규칙 및 방법ppt

생각해 보면 실패했던 수업에서는 '규칙과 방법'을 쓱 살펴보는 데 그쳤다. 약 100명의 초등학생들과 함께한 외부행사에서 규칙과 방법에 대해 간단히 설명하여도 무리 없이 비경쟁 독서토론이 운영되었다는 인상이 강하게 남아서이다. 하지만 외부행사에는 각 학교에서 책에 관심이 있는 학생들 3-4명이 참석한 것이었고, 심지어 행사 전에 미리 비경쟁 독서토론을 한 차례 거치고 왔었다. 그런 반면 학급 인에는 책에 관심이 전혀 없는 학생들도 다수 있었고 비경쟁 독서토론에 대한 경험도 전무하였다. 나는 비경쟁 독서토론이 추구하는 커다랗고 아름다운 목적에 취해 그 목적까지 다다르기 위해 거쳐야 할 기본 단계들이 있다는 걸 잠시 잊은 것이다. 이번에는 학생들과 규칙 및 방법에 대해 꼼꼼하게 살펴보고 잊지 않기를 바라며 되짚어 보는 질문도 여러 번 던졌다. '떠오르는 생각을 자유롭게 이야기합니다'는 규칙을 잘못 해석하여 친구의 이야기를 비난하거나 장난스럽게 대응하는 학생들이 없길 바라며 붉은 글씨로 쓴 부분을 여러 번 강조했다. 내 마음에 드는 질문이 있는 모둠으로 이동하기보다는 친한 친구들과 몰려다니기에 바쁜 학생들을 위해 붉은색으로 해당 부분을 한 번 더 강조해서 말해 주었다.

비경쟁독서토론 약간의 규칙

1. 진실하게 내 얘기를 합니다. 내 경험 ok.
2. 질문은 책 내용과 관계없어도 되고, 질문들끼리 서로 관계없어도 됩니다.
3. 내가 궁금한 것을 질문하거나 나에게 질문합니다.
4. 주제나 저자의 의도를 찾지 않아도 됩니다.
5. 떠오르는 생각을 자유롭게 이야기 합니다.(비난, 장난X)
6. 남의 생각을 묻고 싶으면 내 생각부터 말합니다.
7. 말하고 싶지 않으면 하지 않습니다.

비경쟁독서토론 방법

모둠지기 한 명을 정해 주세요. 책을 읽으며 했던 생각을 자유롭게 나누며 이야기해요. 경청하고 격려하고 낙서하면서요.(딴짓, 비난, 장난X) 함께 첫 번째 질문을 만들고 다른 모둠으로 이동합니다.

내 마음에 드는 질문이 있는 곳(친구 따라가기X)으로 자리를 잡고 질문에 대한 토론을 시작합니다. 모둠지기는 모둠에 붙박이로 있으면서 어떤 이야기를 했는지 소개합니다. 두 번째 질문을 만들고 다른 모둠으로 다시 자리를 옮깁니다.

세 차례 토론을 이어간 후 마지막에는 세 번째 질문 또는 결론을 만듭니다.

처음 모둠으로 돌아갑니다. 첫 번째 질문이 어떻게 전개되었는지 살펴보고 소감 나누기를 합니다.

수정한 규칙및방법 ppt

책을 함께 읽고 본격적으로 토론을 시작하기 전 브레인라이팅 활동에 시간을 길게 할애하였다. 브레인라이팅 활동은 외부행사나 교사 독서모임에서 비경쟁 독서토론을 운영할 때는 진행하지 않는다. 실패했던 수업도 브레인라이팅 활동 없이 진행했었는데 여러 선생님과 의논 결과 처음 비경쟁 독서토론을 하는 경우 브레인라이팅 활동이 토론의 윤활유 역할을 해 주는데 모두 동의하였다. 책을 읽고 떠오르는 문장이나 단어를 1-2개씩만 적어 함께 공유하였다.

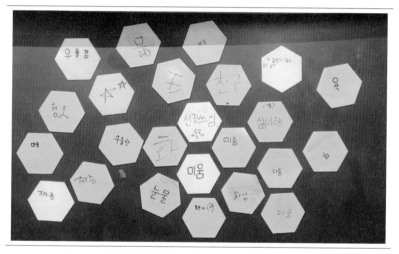

조원희 작가 '미움'을 읽고 난 후 브레인라이팅 결과

함께 브레인라이팅 결과물을 보며 비슷한 것들끼리 유목화했고 관련해서 첫 토론을 시작하기 좋은 주제들에 대해서 이야기를 나누었다. "미움의 감정은 짜증, 화, 눈물을 함께 불러일으키기도 하는데 여러분은 누군가를 미워할 때 어떻게 표현하나요?" 혹은 "여기 '친구'라고 써주었는데 주인공처럼 여러분 모두 친구를 미워한 경험이 한두 번은 있을 것 같아요. 최근에 미웠던 친구는 누군가요?", "책 속 강렬한 한문장 '너 같은 거 꼴도 보기 싫어'를 적어 주었네요. 이런 말 들어본 경험이 있을까요?" 등 결과물을 함께 살펴보며 모둠별로 토론을 어떻게 시작해야할지 모르겠다면 이런 질문들로 시작해 보라고 안내하였다.

본격적인 토론의 시작

바로 토론을 활발하게 시작하는 모둠도 있고 어색하게 낙서만 하고 있는 모둠도 있었다. 교사의 적절한 개입이 필요할 때이다. 다가가서 비경쟁 독서토론의 규칙에 의거, 학생들에게 질문하기에 앞서 내 이야기부터 했다. "선생님은 쉽사리 누군가를 미워하진 않는데 한 번 미워하면 같은 공간에 머물기도 싫어져. 그냥 미움이 아니라 혐오의 단계까지 간달까. 그래서 누군가를 미워하지 않기 위해서 되게 노력하는 편이야. 시연이는 어때?"라고 솔직하게 내 이야기를 시작하니 학생들도 솔직하게 이야기를 꺼내 놓는다. 서로 맞장구를 치기 시작하면 슬쩍 자리에서 빠져나왔다. 물론 신나게 장난치는 학생들도 있다. 그럼 다가가서 먼저 내 이야기를 솔직하게 풀어놓았다. "나도 남동생이 있는데 어렸을 때는 진짜 많이 싸웠어. 머리카락 잡으며 싸우곤 했는데 중학생 때부터는 안 싸웠어. 남동생이라 그때부터 내가 힘으로 졌거든. 시우도 형제랑 싸워?" "전 아직도 누나한테 져요. 누나가 얼마 전에도 이불 안 갠다고 잔소리 하고 막 때렸어요." 하며 장난치던 모습은 사라지고 학교에서 쉽사리 꺼내 놓지 못하는 자신들의 미움에 관한 이야기를 앞 다투어 펼친다.

비경쟁 독서토론 모습

그림책 '미움'의 경우 간결하고 강렬한 내용으로 그림책 자체에 대한 내용보다는 학생들 스스로의 경험과 관련된 질문이 많이 나왔다. 다음 비경쟁 독서토론 수업에서 활용한 그림책 박현주 작가의 『이까짓 거!』의 경우는 자세한 이야기의 흐름이 있다 보니 그림책 자체에 대한 질문도 많이 나왔다.

그림책 『미움』을 읽고 나온 비경쟁 독서토론 질문 목록

- 친구 관계 때문에 욕한 적이 있나요? 그랬다면 무슨 욕을 했나요?
- 미움을 받았을 때 운 적 있나요?
- 주변에서 패드립을 들은 적 있나요?
- 가출한 적 있나요?
- 인생에서 가장 빡쳤던 때가 언젠가요?
- 최근에 우울했던 적 있나요?
- 가장 많이 울었을 때가 언제인가요?
- 최근에 욕먹은 적 있나요?

- 인생에서 가장 슬펐던 적이 있나요?
- 친구랑 화해하는 방법을 알고 있나요?
- 여러분의 가족 중 돼지 녀석은 누군가요?
- 최근에 꼴 보기 싫었던 사람은 누군가요?
- 가장 보고 싶은 사람은 누군가요?
- 가장 사랑하는 사람은 누군가요?
- 왜 친구는 주인공에게 화가 났을까요?
- 형제자매랑 의견이 맞지 않을 때 대처하는 방법으로 무엇이 있나요?

그림책 『이까짓 거!』를 읽고 나온 비경쟁 독서토론 질문 목록

- 주인공은 홍준호가 피아노학원에 들어가자 어떤 생각을 했을까요?
- 왜 주인공의 엄마 아빠는 안 왔을까요?
- 우산이 있는데 우산을 쓰지 않고 비를 맞고 간 적이 있나요?
- 주인공은 왜 엄마가 데리러 온다고 거짓말을 했을까요?
- 친구에게 우산을 빌려준 적이 있나요?
- 외로웠던 적이 있었나요?
- 자신에게 '이까짓 거'인 것은 무엇인가요?
- 비를 맞으며 집에 간 적 있나요?

- 왜 주인공은 다른 사람의 도움을 받지 않았을까요?
- 사람은 왜 성격이 변하나요?
- 비에 대한 안 좋은 경험이 있나요?
- 우산이 없어서 곤란한 적이 있나요?
- 누군가에게 창피했던 적 있나요?
- 홍준호는 주인공에게 관심이 있을까요?
- 홍준호가 말을 걸지 않았다면 주인공은 그냥 뛰어갔을까요?
- 성별이 다른 친구가 우산을 같이 쓰고 가자고 한다면 같이 쓸건가요?

엉뚱한 질문들도 간혹 있었다. 자유롭게 이야기를 나눠도 된다고는 했지만 그림책과도 자신의 삶과도 관련이 없는 질문들을 볼 때면 교사로서 초조해졌다. 하지만 매 토론 때마다 자리 이동이 있었으므로 엉뚱한 질문 다음에는 멋진 질문들이 나오기도 했다. 솔직하게 말하자면 학부모 공개수업 주제로 절대 비경쟁 독서토론을 선택하지는 않을 것이다. 이 수업은 교사가 100% 통제할 수 있는 수업이 아니기 때문이다. 이 수업 속에서 교사인 '나'의 역할은 매우 적으며 가끔은 통제력 없는 모습이기도 하다. 비경쟁 독서토론 수업은 학생들이 중심이고 책을 매개로 한 그들의 이야기가 자유롭게 펼쳐져야 하기 때문이다. 100% 통제 가능한 자유란 없다고 생각한다. 실패했던 수업을 떠올려 보면 나는 비경쟁 독서토론 촉진자와 교사의 역할에서 혼란스러웠던 것 같다. 학교에서 벗어나 낯선 학생들을 만나 비경쟁 독서토론을 하는 경우 자연스레 교사의 모습에서 벗어나 비경쟁 독서토론의 촉진자 역할에 몰두했다. 반면 익숙한 담임

학급의 학생들 앞에선 수업을 100% 통제하고 싶은 교사의 모습이 나타났던 것이다. 물론 교사라고 학급 학생들과 수업을 100% 통제해야만 하는 것은 아닌데 학교 안에서는 교사의 고정된 역할에 나도 모르게 충실하고 만다. 이전 실패했던 수업에서는 토론이 활발하지 않은 모둠에 다가가 내 이야기를 펼치지 않았다. 공격적으로 "왜 가만히 있어요? 이 질문에 대해 어떻게 생각 하나요?"처럼 학생들에게 질문 먼저 퍼부었다. 수업 실패의 원인은 통제력 부족의 담임교사 '나'가 아닌 그것 자체에 집착하는 교사 '나'였던 것이다. 이 사실을 깨닫고 나니 비경쟁 독서토론에 참여하는 학생들의 다양한 특성을 좀 더 마음 편안히 지켜볼 수 있게 되었다. 교사로서 나를 내려놓으니 어느 순간 교사의 개입 없이도 진솔하게 자신의 이야기를 두런두런 해 나가는 학생들을 볼 수 있었다. 나그네의 외투는 바람이 아니라 햇빛이 벗긴다! 아주 오랜만에 교사로서 성공한 수업을 마친 후에만 느낄 수 있는 만족감이 온몸을 채웠다. 다음은 학생들의 비경쟁 독서토론 수업 한 줄 소감이다.

비경쟁 독서토론 수업에 대한 학생들의 한 줄 소감

- 장○○ 친구랑 친해질 수 있어서 좋았고, 내 마음을 표현해서 좋았다.
- 신○○ 토론 시간이 너무 짧아서 아쉽다.
- 김○○ 이야기를 할 타이밍이 없었는데 이번 기회에 많이 했다.
- 권○○ 책을 함께 읽어서 좋았고 낙서를 많이 할 수 있어서 좋았다.
- 권○○ 질문을 하며 이야기를 나누는 것이 재미있고 자리를 이동하니 다양한 친구들을 만날 수 있어서 좋았다.
- 김○○ 서로의 생각을 알 수 있었고 사람마다 서로 느끼는 게 다르다는 걸 알 수 있었다.
- 남○○ 서로 책에 대한 이야기를 하고 각자의 생각을 나눌 수 있어서 재미있고 다시 했으면 좋겠다는 마음이 들었다.

학생들의 한 줄 소감에는 '재미있었다'는 이야기가 제일 많았고, '토론 시간이 짧아서 아쉽다'는 이야기도 많았다. 처음 수업 구성예시안처럼 2차시(80분)로 수업을 했는데 본격적인 토론 전 규칙 및 방법 설명, 브레인라이팅 활동을 꼼꼼하게 했더니 토론 시간이 계획했던 것보다 부족해 조금 줄여서 운영했다. 토론이 끝나고 난 후 함께 토론에서 나온 질문들을 살펴보고 소감을 나누는 활동도 시간이 부족해 1-2개 모둠의 질문만 살펴볼 수 있었다. 토론마당을 4번으로 늘리고 함께 나온 질문들도 모두 살펴볼 수 있게 총 3차시로 여유 있게 비경쟁 독서토론 수업을 운영해 보는 것도 추천한다. 한 줄 소감에는 커다란 켄트전지에 낙서를 하며 이야기를 나눌 수 있어서 좋았다는 내용도 많았다. 학교에서 귀에 딱지처럼 듣는 '낙서 금지'가 아닌 '낙서 허용' 방침이 학생들은 많이 신기한가 보다. 간혹 낙서에 너무 집중하는 경우도 있어 모둠지기 학생들에게만 크게 질문을 적을 매직을 나눠주고 다른 학생들에게는 그보다 펜촉이 작은 네임펜이나 볼펜 등만 사용하게 했다.

책을 사랑하는 사람으로서 책을 매개로 다양한 사람들과 생각을 나누고 내 세계를 확장할 수 있게 하는 비경쟁 독서토론에 매혹당하지 않을 수 없었다. 이제야 내 울타리 안 학급 학생들과도 비경쟁 독서토론의 가치를 공유할 수 있게 되었다. 우리 학급 학생들에겐 더 이상 '책'과 '토론'이 어렵고 어색한 먼 나라의 이야기가 아닐 것이다. 그림책으로 간단한 비경쟁 독서토론 수업을 했을 뿐인데 학생들은 기대감에 찬 눈빛으로 내게 다가와 다음 토론수업은 언제인지 물어본다. 비경쟁 독서토론을 통해 확장될 그들의 세계가 벌써부터 기대된다.

메모

우리 아이들과 함께
꾸리는 비경쟁 독서토론

신예지

(오선초등학교)

업무분장이 뭔가요?

2014년 2월, 엄마가 사주신 연분홍 원피스와 이른 봄코트를 입고 □□ 초등학교에 갔다. 교육대학교를 졸업하고 처음으로 발령받은 학교였다. 교장 선생님께 인사를 드린 뒤 선배 선생님의 안내를 받으며 학교를 곳곳을 둘러보았다. 한 발자국 앞서 걷던 선생님은 흘깃 뒤를 돌아보며 "그런데 옷이 너무 선생님인 거 아니냐"며 웃었다. 신규 교사의 설레는 마음과 포부가 너무 과했나 싶다.

"이제 교무 부장님 교실에 들러서 업무분장 쓰고 집으로 돌아가시면 될 것 같아요."

교무 부장님 책상 위에는 '2014학년도 업무분장 희망서'라고 쓰인 종이 한 장이 올려져 있었다. 잠시 업무분장이란 무엇인지 고민해 보았지만 고개를 갸우뚱해 보아도 짐작할 수 없었다.

"선생님, 죄송하지만 업무분장이 뭔가요?"

"올해 어떤 업무를 맡고 싶은지를 쓰는 거예요."

교사의 업무란 아이들을 열심히 가르치고 생활 지도를 하는 것이 아닌가? 하지만 업무분장이 무엇인지는 몰라도, 여기에 '수업'이라고 쓰는 건 확실히 아닌 것 같았다.

"제가 할 수 있는 업무에는 어떤 것들이 있을까요?"

교무 부장님은 아차 싶으셨는지 서랍에서 또 다른 종이 한 장을 꺼내셨다. '2013학년도 업무 분장표'였다.

"뭐… 도서관 관리도 있고, 독서교육 이런 거도 있고. 여기 표 한번 보고 편하게 써요."

그곳엔 교육복지, 학적, 정보 공시와 같은 이해할 수 없는 단어들이 가득 적혀 있었다. 내가 할 수 있는 일이 무엇인지 판단이 서지 않았지만 뭐든 적고 집으로 돌아가고 싶었다. 나는 잠시 고민하다 교무 부장님이 말씀하셨던 '독서교육'과 '도서관 관리'를 나의 희망 업무 1순위에 적었다. 그리고 3월, 2014학년도 업무분장표 내 이름 옆에는 이 두 단어가 그대로 적혀있었다. 만약 교무 부장님이 독서교육이 아닌 다른 업무를 예로 드셨다면 나는 분명 그것을 적었을 것이고, 나의 교직 생활을 크게 달라졌을지도 모른다.

나는 왠지 이 업무가 무척 맘에 들었다. 평소 책을 좋아하기도 했지만, 당시 교장 선생님께서 독서교육에 관심이 많으셔서 이전에 없었던 교내 독서 행사들을 하나둘씩 새롭게 만드는 과정이 무척 흥미로웠다. 늦은 시간까지 일하는 날도 잦았지만 좋아하는 일이라 그런지 지치지 않았고, 즐겁게 참여하는 아이들의 얼굴을 보면 마음이 벅찼다.

비경쟁 독서토론을 만나다

"신 선생님, 이번 겨울방학에 많이 바빠요?"

2016년 12월, 교장 선생님께서 연수를 같이 듣지 않겠냐고 물으셨다. '2017 책날개 독서교육 직무 연수'였다. 3일 동안 교장 선생님과 함께 연수를 듣는 건 조금 긴장되었지만, 다른 학교 선생님들의 독서교육 노하우를 배울 수 있는 좋은 기회라고 생각했다.

4년 전 교장 선생님께서 나를 책날개 연수로 안내해 주신 것을 지금까지도 진심으로 감사히 생각하고 있다. 그곳에서 '비경쟁 독서토론'을 알게 되었기 때문이다. 승자도 패자도 없는 평화로운 토론, 서로의 경험과 감정을 나누는 따뜻한 대화, 다름을 인정하는 것 가운데 우리의 연결됨을 확인하는 소통과 공감의 시간은 나를 완전히 사로잡았다. 혼자 책을 읽고 독서 노트를 쓸 때는 느낄 수 없었던 만족감이 마음에 가득했다. 한편 선배 선생님들의 독서교육 사례를 들으며 지난 3년 동안 이 정도면 잘하고 있다고 자부해 왔던 우리 학교의 독서교육에 의심이 가기도 했다.

"2017년 교사 책모임에 관심있는 선생님들은 연수가 끝나고 잠시 남아서 성함, 연락처를 적어 주세요."

나는 조금의 망설임도 없이 이름과 연락처를 명단에 적었고, 세상질문 책모임에 나가게 되었다. 매월 마지막 주에 열리는 책모임은 한 달간의 피로를 달래주는 회복의 시간이었다. 책을 끝까지 읽지 못했는데도 모임에 나가는 날도 있었다. 책을 읽고 각자의 삶을 나누는 진실한 대화의 시간만큼은 내가 온전한 나로 느껴졌기 때문이다.

2018년부터는 충북 독서인문교육 지원단에 참여해 '충북 청소년 비경쟁 독서토론 한마당' 운영을 도왔다. 100여 명의 5-6학년 초등학생들이 충북 교육청에 모여 비경쟁 독서토론을 나누는 모습은 엄청난 충격이었다. 초등학생들이 처음 만난 친구들과 단 두 권의 책을 매개로 이렇게나 풍성한 대화를 나누는 게 가능하다니! 얼굴을 미주 보고 환하게 웃는 아이들의 얼굴은 마치 세상질문 모임에 나가는 나의 모습과도 같았다. 진실한 소통은 아이들에게도 큰 기쁨을 주는 듯했다. 우리 반 학생 3명도 이날 비경쟁 독서토론에 참여했는데, 한 아이는 그날의 기억을 이렇게 적었다. '책을 읽고 이야기를 나누는 게 이렇게나 재미있다는 걸 알게 되었다.'

아이들의 토론 모습을 지켜보며 그동안 내가 꾸려왔던 독서교육에 무엇이 빠졌는지 또렷하게 알게 되었다. 책을 읽고 서로의 삶과 마음을 나누는 진심 어린 대화, 그리고 책 속에 담긴 이야기를 내 삶과 연결해 보는 경험이었다. 우리 아이들에게도 이런 경험을 안겨주고 싶었다.

우리 학교 아이들도 할 수 있지 않을까?

2018년, 충북독서인문교육 지원단 선생님들과 함께 '충북 비경쟁 독서토론 한마당'을 준비하며 우리 학교 아이들에게도 이런 경험을 나누어주고 싶다는 욕심이 생겼다. 마침 한국출판문화진흥원에서 '와글와글 청소년 독서토론 한마당 운영교'를 뽑는다는 공문이 왔다. 선정된 학교에 비경쟁 독서토론 운영비 100만 원을 지원해준다는 내용이었다. 어쩜 이렇게 시의적절한 공문이 왔을까 기뻐하며 지원서를 작성했고, 운이 좋게도 예산을 지원받을 수 있었다.

모둠 지기 훈련, 아이들은 가장 든든한 지원군

충북 청소년 비경쟁 독서토론 한마당은 여러 명의 인문지원단 선생님들이 함께 행사를 만들어 가지만 우리 학교의 독서교육 담당 교사는 나 1명뿐이다. 여러 선생님의 손길로 운영되던 행사를 혼자 하려니 걱정이 많았지만, 곧 괜한 걱정이었다는 걸 알게 되었다. 언제든지 선생님을 도와줄 준비가 된 든든한 지원군! 우리 아이들이 있기 때문이다.

2018년, 5학년 학급 담임을 맡으며 6명의 아이들과 학급 독서동아리를 운영하고 있었다. 아이들에게 "선생님이 교내 독서토론 한마당을 준비하고 있는데 너희들의 도움이 필요하다"고 하자 아이들은 흔쾌히 내 손을 잡아주었다. 충북 비경쟁 독서토론 한마당에 참여하는 아이들은 행사 전 각 학교에서 담당 선생님의 지도를 받아 토론에 참여한다. 하지만 우리 학교 아이들은 비경쟁 독서토론을 해 본 경험이 전혀 없었다. 따라서 모둠 안에서 독서토론을 자연스럽게 이끌어 줄 일종의 '비밀 요원'이 필요하다고 생각했고, 그 역할을 학급 독서동아리 아이들이 맡아 주었다.

행사 한 달 전부터 동아리 아이들과 매주 함께 책을 읽고 함께 이야기를 나누었다. 인원이 적어 1차 토론, 2차 토론, 3차 토론마다 모둠 이동을 할 수는 없었지만, 비경쟁 독서토론 규칙, 모둠 지기가 되어 대화를 이끄는 노하우, 토론 후 질문 만들기, 무엇보다 친구의 말을 경청하고 공감을 표현하는 방법 등을 서서히 익혔다. 이렇게 한 달간의 훈련(?)을 거친 비밀 요원들은 교내 비경쟁 독서토론 한마당에서 모둠지기로 활약하며 토론을 이끌었다.

주제 도서 선정하기

교내 비경쟁 독서토론 한마당을 준비하며 가장 고민이 되었던 부분은 '주제 도서'를 고르는 일이었다. 어떤 책을 고르냐에 따라 대화의 깊이와 폭이 달라지기 때문이다. 아이들의 대화는 책의 내용과 인물의 행동에 대한 이야기에서 각자의 경험을 나누는 것으로 서서히 확장된다. 친구에게 상처받은 주인공의 모습에서 마음속 깊이 담아두었던 속상했던 기억을 떠올리기도 하고, 좋아하는 친구에게 마음을 전하지 못해 고민하는 장면을 실패했던 짝사랑의 경험을 떠올리기도 한다. 진형민 작가의 〈사랑이 훅!〉을 읽으며, 6학년 □□은 이렇게 말했다. "야, 원래 초딩의 사랑은 다 그래. 나도 그랬어."

아이들은 이렇게 책 속 인물들의 모습에 나의 경험을 비추어 보며 조심스럽게 대화를 시작한다. 다른 친구가 털어놓은 이야기에 "맞아. 나도 그런 적 있었어"라고 공감하며 대화가 넉넉하고 부드러워지기도 한다. 따라서 비경쟁 독서토론을 가장 원활하게 이끌 수 있는 책은 아이들이 가지고 있는 경험을 이끌어낼 수 있는 작품이라고 생각했다.

아래 책들은 학급 독서동아리 또는 교내 비경쟁 독서토론 한마당 주제 도서로 선정되었던 작품들이다. 1, 2, 5번은 모두 학교 안에서 일어나는 이야기를 담은 책으로 주인공들이 겪는 일들은 아이들의 일상과 많이 닮아있다. 특히 아래 책들의 주인공들은 대부분 초등학교 5학년 학생으로 5-6학년 아이들이 무릎을 탁치며 공감할 만한 장면과 대사가 가득하다. 6-7번 도서는 현재 우리 사회가 직면한 문제를 아이들의 시각에서 바라보게 하는 작품이다. 주제 자체는 쉽지 않지만 개성 있는 등장인물들과 한 번 펼치면 책을 덮기 어려울 정도로 흥미진진하게 펼쳐지는 이야기 전개로 아이들도 몰입하여 읽었던 작품이다.

초등 비경쟁 독서토론 추천 도서

순	책 제목	저자	키워드	적용 학년
1	스무고개 탐정과 마술사	허교범	우정, 용기	4-6학년
2	사랑이 훅!	진형민	사랑, 우정	4-6학년
3	한밤중 달빛 식당	이분희	기억, 행복	4-6학년
4	행복이 행복해지기 위해	채인선	행복, 부모님(어른)과의 갈등	5-6학년
5	소리 질러 운동장	진형민	평등	5-6학년
6	싸움의 달인	김남중	공존, 사회 문제	5-6학년
7	복제인간 윤봉구	임은하	복제인간, 부모님의 사랑	5-6학년

작가 섭외

예산이 허락한다면 독서토론에 작가님을 섭외하는 것도 좋다. "이번 독서토론에 작가님도 직접 오실 거야"라는 말에 두 손을 꼭 모으고 설레하던 아이의 모습이 눈에 선하다. 작가님을 만나 궁금했던 것들을 여쭈어 볼 생각에 책도 훨씬 꼼꼼히 읽는다. 작가님께 물어보고 싶은 질문을 공책 한가득 적어오는 아이들도 많다.

작가 섭외 방법은 작가님에 따라 다르지만 출판사에 문의하는 방법이 가장 빠르고 정확하다. 책표지에 기재된 연락처로 전화를 걸거나 메일을 보내 강연을 희망하는 날짜와 시간, 강연 내용 등을 말하고 일정을 조율한다.

작가 섭외에 있어 가장 큰 걸림돌은 바로 예산인데, 교육도서관(교육청)에서 주관하는 '찾아가는 작가와의 만남'과 같은 지원 사업을 활용하면 부담을 많이 덜 수 있다.

행사 2-3주 전에 작가님께 연락을 드려 비경쟁 독서토론에 대한 설명과 함께 이번 작가와의 만남을 독서토론 형식으로 운영하려 한다고 양해를 구했다. 작가님도 일방적인 저자의 강연보다 학생과 상호작용할 수 있는 생생한 만남이 될 것 같다며 흔쾌히 허락해 주셨다.

가정 통신문 발송 및 참가자 모집

작가 섭외까지 완료되었다면 가정통신문을 발송하여 참가자를 모집한다. 참가 인원은 학교 사정에 따라 다르겠지만 한 모둠당 5-6명을 기준으로 모집하는 것을 추천한다.

가정통신문 예시

학부모님, 안녕하세요. 2000학년도 OO독서축제를 맞이하여 교내 도서관에서 『김남중 작가와 함께하는 독서토론 한마당』을 열고자 합니다. 김남중 작가의 『싸움의 달인』을 주제 도서로 선정하여, 작가 강연, 비경쟁 독서토론, 질문 답변 등 다양한 활동을 진행할 예정입니다. '비경쟁 독서토론'이란 찬성과 반대를 나누어 진행하는 독서토론이 아닌 서로의 이야기에 공감하고, 생각의 다름을 인정하는 협력적 토론 방법을 말합니다. 책을 통해 자신의 생각과 감정을 돌아보고, 친구의 목소리에 귀를 기울이는 따뜻한 시간이 되기를 기대합니다. 희망하는 학생은 0월 OO일까지 OOO으로 신청서를 제출해 주시기 바랍니다.

1. 대상: OO초 5~6학년 학생 중 희망하는 학생 30명 내외(인원 초과시 추첨을 통해 선정)
2. 일시: 2000. OO. OO. 0시 00분~00시
2. 장소: 교내 도서관
3. 주제도서: 김남중 작가의 『싸움의 달인』
4. 프로그램 일정: 뒷면의 프로그램 일정표 참고
5. 준비물: 필기도구
6. 기타: 주제도서를 끝까지 읽고, 사전 활동지를 제출해야 독서토론에 참여할 수 있습니다.

주제 도서 및 사전 활동지 배부

참가자 명단이 확정되면 주제 도서와 활동지를 배부한다. 도서를 대출해서 읽거나 담당 교사가 주제도서를 몇 권 구입한 뒤 순서를 정해 돌려 읽을 수도 있다. 가능하면 학생 1명당 1권씩 새 책을 구입해서 주려고 했다. 책을 돌려 읽을 경우 빨리 읽어야 한다는 강박감에 책을 제대로 읽지 못하는 아이들이 있기 때문이다.

도서와 함께 사전 활동지도 나누어 준다. 활동지에 책을 읽으며 인상 깊었던 부분과 까닭, 책을 읽으며 떠올랐던 나의 경험과 생각, 작가님께

물어보고 싶은 질문 등을 적어 행사 일주일 전까지 제출하도록 했다. 사전 활동지는 토론 전에 아이들이 책을 읽었는지 확인할 수 있는 최소한의 안전장치 역할도 한다.

아울러 비경쟁 독서토론의 진행 방향을 설정하는 데에 무척 중요한 자료가 된다. 아이들이 적어낸 질문들을 살펴보면 아이들이 어떤 부분을 궁금해하고, 어떤 장면에 중점을 두며 책을 읽었는지 알 수 있다. 사전 활동지를 모두 수합한 뒤 아이들이 적어 낸 내용을 정리하여 작가님에게 보내드린다. 사전 활동지는 작가님에게도 아이들의 눈높이와 생각을 파악할 수 있는 유용한 자료가 된다.

사전 활동지 예시

진행자 뽑기

행사 2주 전, 참가자 중 행사를 진행해 줄 학생을 뽑겠다고 안내했다. 먼저 토론 전 작가 인터뷰를 진행할 인터뷰어와 토론 후 작가님과 학생들에게 소감을 물어보고 행사를 마무리할 진행자가 필요했다.

인터뷰어에게는 학생들이 제출한 사전 질문을 바탕으로 A4 1장 분량의 인터뷰 대본을 써주고 연습을 해오도록 부탁했다. 인터뷰 대본을 모두 교사가 작성하면 자칫 딱딱한 인터뷰가 될 것 같아, 일부분에는 밑줄을 그어 놓고 학생이 직접 채워보도록 했다.

마무리 진행자는 무선 마이크를 들고 토론에 참여했던 친구들의 소감을 인터뷰하고, 마지막으로 작가님의 소감을 듣는다. 이렇게 학생들과 역할을 나누면 교사 혼자서도 어렵지 않게 행사를 치를 수 있다. 오히려 교사의 형식적이고 딱딱한 진행보다 서툰 아이들의 진행이 행사에 활력을 더한다.

교내 비경쟁 독서토론 한마당 진행

교내 비경쟁 독서토론 한마당은 '충북 청소년 비경쟁 독서토론 한마당'과 비슷한 방법으로 운영한다. 다만 교내에서 열리는 첫 번째 비경쟁 독서토론 한마당에서는 작가님이 2시간 정도밖에 함께 계실 수 없고, 참여 학생들이 비경쟁 독서토론을 경험해 본 적이 없는 점을 고려하여 작가 강연을 1차, 2차, 3차 토론 사이에 나누어 넣었다.

1차 토론을 마친 후 모둠별로 만든 질문을 질문 카드('질문 1', '질문 2', '질문 3'이라고 적힌 색지를 토론 전 각 모둠에 나누어 준다)에 적어 교실 앞 칠판에 붙이고, 이에 대한 작가님의 생각을 말하는 방식으로 진행했다.

이때 작가의 말이 질문에 대한 정답처럼 제시되지 않도록 주의해야 한다. 아이들이 작가의 생각만을 정답이라고 여기고 자신의 의견을 자유롭게 말하지 못할 수도 있기 때문이다. 작가님의 말이 일방적인 강연이 되지 않도록 행사 전 작가님께 이 행사의 취지를 충분히 설명해야 한다.

아이들이 토론을 하는 동안 작가님은 모둠을 돌아다니며 아이들의 생각을 듣기도 하고, 잠시 아이들의 토론에 참여하기도 한다.

마지막 토론 뒤에는 오늘 토론의 결과를 나만의 한 문장으로 정리하여 발표했다. 한 문장은 질문이어도 되고, "~은 ~이다."와 같은 완결된 문장이어도 된다.

교내 비경쟁 독서토론 한마당 일정표 예시

순	운영 시간 (누적)	내용
1	10분	• 공동체 놀이
2	10분(20')	• 작가 소개 및 작가 인터뷰(학생 인터뷰어가 진행) 　- 학생들이 제출한 사전 질문을 바탕으로 작가 인터뷰 진행
3	20분(40')	• 작가 강연 1
4	15분(55')	• 첫 번째 토론 　- 책을 읽은 소감 나누기 　- 작가님의 강연에 대한 생각 나누기 　- 토론에서 나눈 이야기를 바탕으로 첫 번째 질문 만들기 　- 첫 번째 질문을 질문 카드에 적어 칠판에 붙이기 　- 음악이 들리면 모둠 지기를 제외한 학생늘은 나른 노둠으로 자리 옮기기
5	15분(70')	• 질문하는 독자(작가 강연 2) 　- 각 모둠별로 만든 질문에 대한 작가님의 답변
6	15분(85')	• 두 번째 토론 　- 첫 번째 질문에 대한 토론 진행 　- 토론에서 나눈 이야기를 바탕으로 두 번째 질문 만들기
7	15분(100')	• 질문하는 독자(작가 강연 3) 　- 각 모둠별로 만든 질문에 대한 작가님의 답변

| 8 | 20분
(120') | • 세 번째 토론
- 두 번째 질문에 대한 토론 진행
- 오늘 토론의 결과를 나만의 한 문장으로 정리하여 발표하기 |
| 9 | 20분
(140') | • 마무리 하기
- 비경쟁 독서토론에 참여한 소감 나누기(학생 사회자가 진행)
- 단체 사진 촬영 및 작가 사인회 |

학생 소감문 받기

마지막으로 독서토론에 참여했던 학생들에게 이번 행사의 좋았던 부분, 아쉬웠던 부분을 간단한 소감문으로 작성하도록 한다. 학생들이 쓴 소감문을 바탕으로 이번 행사가 어떻게 운영되었는지 돌아보고 부족했던 부분은 다음 행사에 보충하여 반영한다.

코로나19 시대에도 멈출 수 없는 비경쟁 독서토론

2018년에는 채인선 작가의 『행복이 행복해지기 위해』를 시작으로 2년 간 총 4번의 교내 비경쟁 독서토론 한마당을 열었다. 이제 제법 안정적으로 행사를 진행할 수 있겠다는 자신감이 솟아나자 코로나19가 나타났다. 그로 인해 2020학년도의 비경쟁 독서토론 한마당 계획이 불투명해졌다.

어떤 대책도 세우지 못한 채로 1학기가 지나갔고, 온라인 수업과 등교 수업을 정신없이 병행하다 보니 2학기도 거의 반이 지나갔다. 한마당을 위해 책정해 놓았던 예산도 추경으로 인해 반으로 줄었다. 언제 어떤 식으로 독서토론 한마당을 운영할 수 있을지 알 수 없었기 때문이다.

이대로 올해는 행사를 포기해야 하나 고민하던 무렵 '2020학년도 충북 비경쟁 독서토론 한마당'이 성공적으로 열렸다. 무려 72명의 초등학생과 126명의 중고등학생들이 온라인(ZOOM)으로 모여 독서토론을 나누었다. 직접 얼굴을 마주 보고 이야기를 하는 것만큼의 소통을 기대하기는 어려웠지만 지금 상황에서 선택할 수 있는 최선의 방법이었고, 운영진 선생님들의 수차례 회의와 리허설로 큰 어려움 없이 행사를 마칠 수 있었다. 2018년 충북 비경쟁 독서토론 한마당을 보고 그랬던 것처럼, 이번에도 '우리 학교도 할 수 있지 않을까?' 하는 용기가 났다.

온라인 비경쟁 독서토론 한마당 운영 방법

순	운영 시간(누적)	내용
1	15분	• Zoom 입장 및 공동체 놀이 - 손병호 놀이 - 입모양 보고 단어 맞히기 - 초성 퀴즈
2	10분(25')	• 비경쟁 독서토론 안내 - 비경쟁 독서토론을 위한 간단한 규칙 안내
3	15분(40')	• 첫 번째 토론 - 모둠별로 교사가 모둠지기를 맡아 토론 진행 - 책을 읽은 소감, 생각이나 느낌 나누기 - 이야기 나눈 내용을 바탕으로 첫 번째 질문 만들기
4	5분(45')	• 질문 나누기 - 모둠지기: 각 모둠에서 만든 질문을 공유(zoom 화면 공유의 화이트보드 기능 활용) - 학생: 각 모둠별로 나온 질문들을 보고 토론을 해 보고 싶은 질문 선택하기 - 호스트: 두 번째 토론을 위한 모둠별 소회의실 배정하기 (*보조 교사가 소회의실 배정을 따로 맡는 것이 좋다)

5	20분(65')	• 두 번째 토론 - 모둠별로 교사가 모둠지기를 맡아 토론 진행 - 책을 읽은 소감, 생각이나 느낌 나누기 - 이야기 나눈 내용을 바탕으로 첫 번째 질문 만들기
6	5분(70')	• 질문 나누기(4와 같은 방법)
7	20분(90')	• 세 번째 토론 : 모둠별로 교사가 모둠지기를 맡아 토론 진행 : 책을 읽은 소감, 생각이나 느낌 나누기 : 이야기 나눈 내용을 바탕으로 첫 번째 질문 만들기
8	10분(100')	• 오늘 토론의 결과를 나만의 한 문장으로 정리하여 패들렛에 올리고 발표하기
9	10분(110')	- 비경쟁 독서토론에 참여한 소감 나누기 - 단체 사진 촬영하기

가정통신문 발송 및 참가자 모집

'학교종이' 어플리케이션을 활용해 가정통신문을 발송하고 참가자를 모집했다. 학생들이 등교하는 날이 적어 참가 신청서를 지면으로 배부하는 데 어려움이 있었는데, 학교종이를 이용해 참가자 모집을 하니 참가자 명단까지 한번에 정리가 되어 무척 편리했다.

패들렛(Padlet)을 활용한 사전 활동지 작성 및 공유

방학을 몇 주 앞두고 급하게 행사를 추진했다. 마침 토론에 참여하는 5학년 학생들이 일주일에 1-2번밖에 등교하지 않아 사전 활동지를 나누어 주고 돌려받기에 일정이 충분하지 않았다. '활동지를 작성해 보지 않고 바로 토론을 하게 되면 아이들이 책을 제대로 읽지 않으면 어떡하지?'

하는 불안감이 들었다. 무리해서라도 활동지를 나누어 줘야 하나 고민하던 중, 동료 선생님이 패들렛(Padlet)을 활용한 방법을 알려주셨다.

패들렛은 하나의 작업공간에 많은 사람들이 동시에 들어와서 접착식 메모지를 붙여 놓는 작업이 가능한 웹 애플리케이션인데, 특히 '셸프' 형식으로 패들렛을 만들면 질문에 질문별로 학생들의 답변을 깔끔하게 정리할 수 있다.

패들렛에는 이전과 마찬가지로 책을 읽으며 인상 깊었던 장면, 인물들의 겪은 일과 비슷한 경험, 친구들과 나누어 보고 싶은 질문 등을 적도록 했다. 패들렛 작성이 완료되면 링크를 참여 학생들에게 공유하여 다른 친구들이 남긴 내용을 확인하도록 한다.

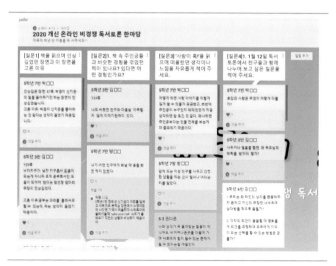

패들렛을 활용한 사전 활동지 작성

온라인 비경쟁 독서토론 한마당 운영하기

큰 줄기는 그동안의 비경쟁 독서토론 방법과 비슷하게 공동체 놀이-토론-모둠별 토론 결과 나누기-소감나누기로 운영된다. 한 차례의 토론은 [모둠별 토론]-[질문 공유]-[원하는 모둠으로 이동] 순서로 진행했다.

온라인-오프라인 비경쟁 독서토론의 중요한 차이점은 크게 3가지이다. 첫째, 대면 모임만큼의 활발한 소통을 기대하기 어렵다. 둘째, 테이블을 돌아다니며 모둠을 옮길 수 없고, 셋째, 돌아다니며 갤러리 워킹을 할 수 없다는 점이다.

먼저 ZOOM 특성상 오프라인만큼의 원활한 소통이 어렵고, 여러 명의 참가자가 동시에 말을 해서 모둠지기가 대화 순서를 정리해야 하는 경우도 있다. 따라서 참가자들의 소통을 원활하게 조정할 모둠지기의 역할이 오프라인보다 중요했고, 교사가 모둠지기 역할을 맡기로 했다.

두 번째로 한 차례의 토론이 끝나면 ZOOM의 화면공유(화이트보드) 기능을 이용하여 각 모둠에서 나온 질문을 발표하고 공유했다. 화이트보드에 각 모둠별로 만든 질문을 쓰고 함께 살펴본다.

또는 모둠별 질문을 패들렛에 기록한 뒤, 화면을 공유할 수도 있다. 토론 전 호스트는 모둠별 질문 기록용 패들렛을 만들고, 링크를 모둠지기 선생님들에게 안내한다. 모둠지기 선생님은 한 차례의 토론이 끝날 때 마다 학생들이 만든 질문을 패들렛에 적는다. 질문 공유 시간에 호스트가 패들렛 화면을 공유하며 각 모둠에서 나온 질문을 확인한다.

이렇게 각 모둠에서 만든 질문들을 살펴본 뒤에, 학생들은 다음 토론에서 참여하고 싶은 모둠의 번호를 대화명에 표시한다. 예를 들어 1모둠의 토론에 참여했던 홍길동 학생이 두 번째 토론에서는 5모둠이 만든 질문으로 토론을 해 보고 싶다면 대화명을 '15 홍길동'으로 바꾸는 것이다. 호스트를 맡은 교사는 쉬는 시간 또는 질문 공유 시간에 학생들의 대화명을 보고 모둠별 소회의실에 배정해야 한다. 한 질문에 많은 학생이 몰릴 수도 있으므로, 그런 경우 호스트가 임의로 모둠을 조정할 수 있다고 학생들에게 안내해 주어야 한다.

학생들이 줌을 원활하게 이용할 수 있다면 ZOOM의 소회의실 선택 기능을 활용해 학생들이 직접 원하는 모둠(소회의실)을 선택하여여 참여하도록 할 수도 있다.

마지막으로 갤러리 워킹 및 소감문 작성 역시 패들렛을 활용하여 진행했다. 각 모둠에서 만든 질문을 패들렛 셸프로 정리한 후, 쉬는 시간이나 토론이 끝난 뒤 학생들이 둘러볼 수 있도록 한다. 마음에 드는 질문에 스티커를 붙이는 활동은 마음에 드는 질문에 '좋아요'를 누르는 것으로 대체할 수 있다.

온라인 비경쟁 독서토론 참여 소감

마지막으로 독서토론에 참여한 소감을 발표한 뒤, 자세한 소감문은 역시 패들렛에 기록하여 공유한다.

- 5학년 정OO: 나의 생각과는 다른 생각을 듣고 다양한 생각을 할 수 있다는 것을 알았다. 그리고 토론을 잘하는 친구들을 보고 나도 다음부터는 저렇게 하고 싶다고 생각했다.
- 5학년 백OO: 사랑이 훅! 책을 이번에 처음 읽었는데 생각보다 재미있었다. 이번 토론은 다른 아이들의 생각이나 의견을 들으면서 '아, 이렇게도 생각하는구나...'라고 생각했고 선생님들도 어색하지 않게 잘 대해 주셔서 정말 재미있는 토론이었다.

- 5학년 김OO: 사실은 이 책을 이번 기회에 2번 정도 더 읽었다. 처음 읽었을 때는 단순히 내가 나 혼자 느낀 감정, 그리고 내가 스스로 해석한 것들뿐이었는데, 토론을 통해서 친구들이 읽은 감정과 느낌을 알 수 있어서 좋았고, 한 가지 주제임에도 불구하고 여러 의견이 갈리고 나와 생각이 다른 친구들의 의견을 들어보는 것도 재미있었다.
- 5학년 권OO: 주제는 하나이지만 하나의 주제 속에 여러 가지 다양한 의견들이 마구잡이로 솟아 나온다는 것이 신기했다.
- 5학년 박OO: 이번 독서토론을 통해서 다른 사람의 마음을 더 잘 이해하고, 내 창의력과 감수성이 더욱 풍부해진 것 같다. 그리고 책을 읽은 후에 독서감상문을 써야 하는 이유를 다시 한번 깨달았다. 앞으로도 이런 독서토론이 계속 되었으면 좋겠고 내 후배들도 책에 관심을 가지고 책 읽기를 취미로 즐겼으면 좋겠다.
- 5학년 강OO: 이번 토론을 통해서 나와 친구들의 의견이 달라도 그 의견을 존중하고 이해할 수 있었고, 사랑이란 한 가지 주제에 대해서 폭넓게 여러 친구들의 생각을 알 수 있었던 뜻 깊은 경험이었다.

새로운 마중물을 기대하며

매월 마지막 주 목요일에 세상질문 선생님들을 만난다. 한 권의 책을 함께 읽고 세 차례 비경쟁 독서토론을 나눈다. 나는 무엇이 좋아 그렇게 매번 세상질문에 나가는지 생각해 본다.

선생님들과 이야기를 나누다 보면 책을 읽는 동안 내 머릿속을 둥둥 떠다니던 단어들이 어느새 나의 문장으로 서서히 정리된다. 책이 불러낸 지난 경험들도 용기 내어 말해 본다. 나의 이야기는 다른 누군가의 이야기를 불러낸다. 꼬리에 꼬리를 무는 대화는 어색했던 공기를 부드럽게 녹여 주고, 우리가 아직 서로를 잘 알지 못할지라도 분명 연결되어 있음을 알려준다. 평화로운 토론 끝에 하나의 질문을 만들고, 또다시 토론을 이어 나간다. 비경쟁 독서토론은 나에게 정답을 알려주지는 않는다. 다만 타인과 세상을 향해 끊임없이 질문을 던지도록 한다. 함께 던진 질문들이 나를 둘러싼 좁은 울타리를 한 뼘씩 넓혀 주고 있다고 믿는다.

하지만 무엇보다 좋은 건 서로를 향한 공감과 인정의 말이다. 어쩌면 그 다정한 말들이 좋아서, 우리의 삶이 연결되어 있음을 확인하는 순간이 좋아서 매번 세상질문에 나가는지도 모르겠다. 비경쟁 독서토론 속에서 내가 느꼈던 따뜻함을 우리 아이들도 느낄 수 있기를 바란다. 그 따스함이 마중물이 되어 계속해서 세상에 질문을 던지기를 기대해 본다.

중학교 비경쟁 독서토론 사례

경쟁하지 않아 더 좋은
'함께 읽기'

김기훈

(추풍령중학교)

경쟁과 비경쟁의 사이, 함께 읽기

경쟁 권하는 사회

코로나19가 무서운 속도로 확산되는 와중에도 수능 시험이 치러졌다. 코로나19라는 사상 초유의 외부 충격은 솔직히 한국 교육이 완전히 새로워질 수 있는 좋은 기회처럼 느껴지기도 했다. 대학 입시 제도는 이번 기회가 아니면 바꿀 수 없을 것 같았다. 전국의 학생들을 줄 세워 숫자를 매기지 않을 것이며 학교의 평가 방법도 개선해 보겠다고 정부가 선언만 했다면 정말 엄청난 일이 생겼을 것이다. 말 그대로 혁명적 변화. 그런 변화라면 즐겁게 고행길을 걸었을 텐데, 바뀐 게 크게 없어 아쉬움이 크다. 그래도 교육의 본질과 범위, 방식에 대한 다양한 논의들이 활발해져서 다행이다. 그러나 아무리 수행평가 비율을 높이고 협력적인 배움이 일어나도록 수업을 설계해도 학생들은 끝내 점수 위에서 자신의 위치를 찾아 줄을 서는 게 안타깝다. 학생들이 프로젝트에 참여해서 애써 함께 만든 결과물이, 수행평가 점수가 나온 뒤에는 아무런 힘을 발휘하지 못하고 가치를 잃어버리는 일을 여러 번 목격했다. 대학을 가기 위한 과정으로서 '학교'의 몸부림은 여전히 관성 법칙의 지배를 받는다. 교육의 본질을 꿈꾸며 대안 교육의 핵심요소들을 가슴에 품고 새롭게 도전하는 교사들, 학교들의 노력들이 계속 이어지고는 있지만, 관성 법칙에 순한 마음들이 식어버리지 않을까 걱정된다.

얼마 전 끝난 엠넷 〈캡틴〉 방송을 보고 깜짝 놀랐나. 2020년 엠넷은 참가자의 부모들을 경연 프로그램에 등장시켰다. 청소년인 참가자의 성공을 위해 부모가 대신 전략을 짜고 물심양면으로 지원한다. 부모의 능력이 개인의 성공과 강력한 인과 관계가 있는 한국 사회를 풍자하려 한 것은 아니었을 것이고, 그래서 끔찍하게 느껴졌다. 현실에 존재하는 더 자극적인 경쟁 구조를 방송으로 만들지 않고 그냥 두기는 아까웠던 것 같은데, 그래도 방송을 통해 그런 구조를 더 확고하게 만들 필요가 있었을까. 시청률이 아주 낮게 나와서 그나마 다행이었다. 그러나 척후병처럼 은밀하게 들어와서 이런 류의 경쟁에 익숙하게 만들어 놓고서는, 지난 번에도 괜찮지 않았냐고 더 큰 무언가를 던져 놓을까 두렵다.

하긴 이전부터 엠넷의 경연 방송은 많은 논란 속에서 명맥을 이어왔다. A에서 F까지 한눈에 띄는 등급표시로 노골적으로 참가자들을 경쟁시키던 〈프로듀스 101〉부터 상위 등급과 하위 등급으로 참가자를 나누고 대놓고 차별하던 〈아이랜드〉까지, 엠넷은 매년 강도 높은 경쟁을 앞세운 경연 방송을 이어갔다. 이번 〈캡틴〉은 주로 청소년인 참가자들을 하나의 주체로 보기보다 부모의 지원을 받아야 하는 미성숙한 존재로 꾸준히 노출시켰다는 점에서 더 충격을 주었다. 이런 프로그램이 계속 만들어질수록 경쟁은 평범해진다. 점점 더 경쟁을 권하는 이 사회를 어찌 하면 좋을까.

공정 논쟁 너머 자유로운 영혼이 되는 일

'공정'이 매우 중요한 열쇳말이 된 사회다. 비정규직의 정규직화 논란, 재난지원금, 대학 입시 부정 등 다양한 논란으로 세상이 떠들썩했다. 과연 진짜 공정이란 가능할까 궁금해졌다. 무엇을 공정함의 기준으로 삼을 것인가. 법? 대중의 여론? 개인의 능력? '공정'을 중요시하는 사회일수록 불평등이 확고해지고 승자는 오만하고 패자는 굴욕을 겪게 되며 경쟁을 중요한 장치로 삼게 된다. 개인의 능력도 수치화할 수 있는 것으로 납작해져 버린다.

입시 현실 때문에 어쩔 수 없다고 해버리기에는 능력 중심의 경쟁 사회가 끼치는 해악이 너무 크다. 그래서 어떻게 능력의 다양성, 모든 존재의 가능성을 복원해낼 수 있을 것인지 끊임없이 질문하고 상상하며 이 사회를 조금씩 바꿔나가야 한다. 능력주의가 공정하다는 신화에서 벗어날 방법은 없을까. 능력주의의 빈틈을 노려 모든 노동이 존중받을 수 있도록 사회적 인식을 개선하고, 기본소득 지급, 고용 보장 등의 방식으로 경제적 문제를 해결하는 등 지금 당장 시도해 볼 수 있는 방법들이 있다. 물론 이런 방법들은 능력주의에 문제가 있다고 인식하는 일이 선행되어야 한다. 능력주의에 의문을 품을 수 있는 인식은 어디에서 출발하는가. 자유로운 영혼으로 나아가려는 배움에서부터 출발하여야 한다.

좋은 배움은 세상을 새롭게 보는 일이면서 자유인으로 살아가는 출발점이고 주체적인 삶을 위해 나아갈 힘을 기르는 일이어야 한다. 살고 싶은 대로 살기 위해 저항하고 두려움에 물러서지 않을 힘을 키워가는 일이기도 하다. 배움 이후에 얻을 수 있는 단어의 목록: 자유로운 영혼의 춤추기, 상상력, 용기, 연대(협력). 이런 좋은 배움을 만들어 가는 길에 함께할 동행으로 '함께 책 읽기'보다 좋은 것은 아직 찾지 못했다. 책 속에서 만난 새로운 세상, 새로운 도전을 해내는 용감한 사람들의 이야기, 책 혹은 책을 읽은 사람들과 맺는 관계를 통해서 우리는 성장할 수 있다. 능력주의, 경쟁 사회의 해악을 눈치채게 해준 것도, 공정과 능력이라는 멋진(?) 낱말 뒤에 숨어 있는 진실과 영향력을 깨닫게 된 것도 '함께 책 읽기' 덕분이었다.

책을 읽으면서 우리는 좋은 문장을 갈무리하고 함께 나누면서 험난한 시절을 잘 건너기 위해 기댈 언덕을 만들 수 있다. 여드름 필 무렵의 중학생들에게도 기댈 언덕이 하나쯤 있어야 하지 않을까. 경쟁하지 않고도 즐겁고 힘이 되는 일, 자유로운 영혼이 되기 위한 바탕. 이런 고민을 한창할 때 전국국어교사모임 물꼬방에서 책 대화 수업을 접하게 되었고 다음으로 충북 청소년 비경쟁 독서토론 한마당을 준비하는 충북 독서교육 추진단의 일원이 되어 비경쟁 독서토론도 접하게 되었다. 이 두 가지 방식은 모두 경쟁하지 않는 함께 읽기 방식의 독서교육이다. 이런 방식의 독서토론도 가능하구나, 이전의 방식으로 쉽게 돌아갈 수 없으라는 것을 어렴풋이 느꼈다. 그리고 우리 학교 독서 수업에 좀 더 적극적으로 반영해 보겠다고 조금 용기를 내어 보았다.

여드름 필 무렵, 중학생들의 책 읽기

프리덤 라이터스 다이어리 이후
: 읽고 쓰는 일로 삶을 좀 더 나은 곳으로 옮기는 일

이 땅 위의 모든 사람들이 공감할 만한 역설적 상황. 책 읽기는 중요하지만 바빠서 책을 읽을 시간이 없음. 독서교육을 한다는 사람들의 상당수도 비슷한 상황일 것 같다. 나 역시 책 읽기를 좋아한다고 말만 하던 때도 있었다고 고백한다. 수업에서 더 많은 책 읽기를 시도하지 않았으며 독서동아리 활동에 중심을 두고 독서 수업을 했다. 이때는 학생들과 책을 읽고 감상을 나누는 일보다는, 책 핑계를 대며 여행을 가거나 사람 책을 읽는다며 마을 사람들을 만나는 일에 주력했고 그런 활동 결과들을 모아 『여드름 필 무렵』을 펴내기도 했다. 나름 재미있는 일들을 많이 했지만 책을 많이 읽지 못했다는 아쉬움이 컸던 시기였다.

책 『프리덤 라이터스 다이어리』를 만난 후, 난 수업을 대하는 태도가

조금 달라졌다. 책을 읽고 쓰는 일을 수업의 가장 중요한 일로 받아들여야겠다고 생각했다. 『프리덤 라이터스 다이어리』는 가난과 폭력, 일상적인 차별에 노출된 학생들이 좋은 책을 읽고 자신의 경험을 글로 쓰면서 어떻게 성장할 수 있는가를 감동적으로 담아낸 책이다. 전쟁터 같은 교실에서도 희망을 말하는 단 한 사람이 얼마나 중요한지, 한 존재의 존엄성을 그대로 받아들인다는 게 어떤 일인지, 읽고 쓰는 일이 한 존재의 성장에 어떤 영향을 미칠 수 있는지 이 책을 읽으며 알 수 있었다. 에린 그루웰의 학생들이 변화하는 모습을 보면서, 책은 삶을 바꾸지 않지만 마음의 위치를 0.5센티미터 정도 살짝 옮겨 삶을 받아들일 수 있게 해준다는 소설가 김중혁의 말을 실감했다. 읽고 쓰는 존재는 삶을 그대로 받아들이고 존엄한 인간으로 살게 된다. 내가 수업에서 만나는 아이들도 그랬으면 좋겠다고 생각했다.

이때부터 독서 수업의 비중을 확 높였다. 주 1시간 혹은 매 학기 14차시 정도 독서 수업을 운영했다. 첫해는 물꼬방 등에서 추천하는 책들을 도서관에 준비해 두고 모둠별로 책을 고르게 한 후 개인이 책을 구입하도록 안내했다. 직접 고른 책으로 독서 활동을 하고 좋은 책 한 권을 소장할 수 있어 학생들이 좋아했다. 아쉬움도 있었다. 학생들이 고른 책이 다양하지 않았고 교사가 수업에 담고 싶은 가치를 모두 담지 못했다는 생각이 들었다. 그런데 2016년 5월 강남역 화장실에서 일어난 여성 혐오 살인사건 이후 한국 사회의 모순이 폭발적으로 드러나게 되었고, 내가 만난 학생들만큼은 이런 논쟁에 건강하게 참여할 수 있는 민주주의자가 되길 바랐다. 그래서 학생들과 함께 읽을 책을 크게 공존(다양성, 인권, 환경), 용기, 읽는 즐거움을 주제로 미리 선정했으며 학생 인원만큼 책을 구했다. 독서 수업을 수행평가에도 반영해서 안정성과 강제성도 확보했다. 읽고 쓰는 일로 삶을 조금 나은 쪽으로 옮겨가기 위한 독서 수업이 본격적으로 시작된 것이다. 이런 변화에, 경쟁하지 않고 함께 읽는 방식의 독서교육도 함께 접목하게 되었다.

2020년에는 코로나19로 수업 계획을 여러 번 바꾸었고, 코로나19가 처음으로 확산이 되던 시기 대구에서 겪었던 혐오와 차별, 공포 같은 것들을 수업에 담아야겠다고 생각했다. 열쇳말을 조금 바꾸어 새롭게 책을 선정하고, 코로나19로 수업에 변화가 많을 것으로 예상되어 단편 소설 읽기와 온책 읽기를 병행했다. 상황에 맞게 조금씩 길을 새롭게 열면서 경쟁하지 않고 함께 읽는 즐거움을 학생들이 느낄 수 있도록 시도해왔다.

2018~2020년 수업계획 내용

2018년

* 열쇳말: 공존(다양성, 인권, 환경), 용기, 읽는 즐거움

- 1학년 자존감은 나의 힘(양선아), 나의 첫 젠더 수업(김고연주)
- 2학년 사람답게 산다는 것(오창익), 열다섯 살의 용기(필립 후즈)
- 3학년 연어(안도현), 어린왕자(앙투안 드 생텍쥐페리)

2019년

* 열쇳말: 공존(다양성, 인권, 환경), 용기, 읽는 즐거움

- 1학년 나의 첫 젠더수업(김고연주)
- 2학년 사람답게 산다는 것(오창익), 괜찮아 우리는(크리스티앙 그르니에 외)
- 3학년 연어(안도현), 꽃들에게 희망을(앙투안 드 생텍쥐페리)

2020년

> * 열쇳말: 코로나19 시대의 노동, 혐오, 차별, 책 읽는 재미와 상상력

- 1학년 [책 읽는 즐거움] 야, 춘기야(김옥)
- 2학년 [혐오와 차별을 넘어 공존으로] 인지공간(김초엽), 1등에게 박수 치는 일이 왜 놀랄 일일까?(오찬호), 선량한 차별주의자(김지혜)
- 3학년 [시대를 담은 문학] 의자놀이(공지영), 코끼리(김재영, 땀 흘리는 소설 중), 연어 (안도현)

서로의 성장을 확인하며 함께 읽다

독서 수업을 본격적으로 시작하면서 나부터 마음가짐을 새롭게 하게 되었다. 이전에는 책을 읽어야 하는 부담감에 조금 눌려 있었는데, 나부터 책 읽는 즐거움을 아는 독자가 되어 보기로 했다. 동네 책방의 작은 독서 모임에 참석하면서 책 좋아하는 사람들의 기운을 많이 받았다. 다양한 사람들과 책에 대한 이야기를 나눴고, 경쟁하지 않으면서 토론하는 즐거움으로 마음이 벅차올랐다. 세상을 읽는 눈도 조금은 깊어졌다. 혼자 읽기도 즐거웠지만 함께 읽는 일은 더 즐거웠다. 이런 즐거움을 학생들도 느낄 수 있으면 좋겠다, 그런 마음으로 함께 읽기를 기반으로 독서 수업을 기획했다. 내가 즐거웠던 함께 읽기의 방식대로, '읽고-대화하고-쓴다' 세 단계로 나누어 진행했다. 온전히 수업 시간 내에 모든 단계가 이루어질 수 있도록 충분히 수업 시간을 확보하는 사전 작업이 필요한데, 동료 교과 선생님과 교육과정을 재구성하면 가능하다. 교과서로 진도 나가는 비중을 80% 정도로 낮추고 20% 정도는 독서 수업(수행평가)으로 협의하는 것이 현실적일 것 같다.

책 읽기 시간을 6-8차시 정도 확보했다. 책을 읽을 때는 잔잔한 배경 음악을 틀어 주었는데, 졸음이 많이 쏟아지는 시간에는 학생들이 일일 DJ가 되어 좋아하는 노래를 틀게 했다. 도서관을 가득 채우는 음악과 함께 학생들은 도서관 곳곳으로 흩어져서 자유롭게 책을 읽었다. 작년 도서관 교단을 없애고 전기 판넬(열판)을 깔아 좌식 공간으로 바꾸었는데, 책 읽기 시간에는 이곳이 꽤 인기가 좋았다. 친구의 다리나 쿠션을 베고 누워 책을 읽거나 낭독하는 모습이 정말 아름다워 보였다.

책 읽는 시간은 35분으로 하고 마치기 10분 5분 전에 학생들에게 그날 책 읽기를 돌아볼 수 있는 시간을 주었다. 이 시간에는 인상적인 문장이나 내용을 적고 간단한 느낌을 독서공책에 적게 했는데, 매일 읽은 내용을 돌아볼 수 있어 좋으면서도 책 읽는 시간이 짧아지고 학생마다 갈무리 방식이 달라서 효과가 좀 떨어지기도 했다. 그래서 10분, 5분 전에 시간만 안내하고 각자의 방법으로 책 읽기를 갈무리하도록 안내했다. 독서공책이나 점착식 메모지를 활용하는 것도, 그 시간에 책을 더 읽는 것도 모두 허용했다. 지도 교사는 학생들을 '관리'하는 대신 제일 중요한 일을 했다. 학생들과 함께 행복한 모습으로 책 읽기.

마지막 책 읽기 시간에는 인상적인 부분, 마음을 움직인 문장들을 독서 공책에 정리할 시간을 충분히 주었다. 다음 시간부터 진행될 비경쟁 독서토론을 위한 사전 준비인 셈이다. 2020년부터는 패들렛이라는 공동 작업 도구를 이용해서 활동을 해 보았는데 다른 친구들의 개인 작업을 바로 확인할 수 있으면서 공동의 결과물을 만들 수 있다는 장점이 있어 꽤 유용했다.

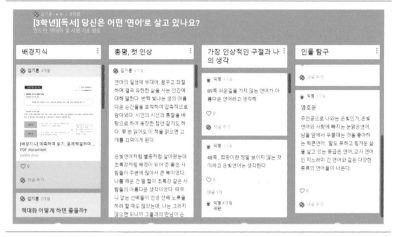

선택 단계: 질문 만들기 훈련과 모둠 지기 모임

선택 단계: 질문 만들기 훈련과 모둠 지기 모임

비경쟁 독서토론은 질문하는 독서 과정을 중시하는데 책에 관한 호기심이 질문으로 피어나는 순간을 보면 놀랍도록 신비롭다. 개인이 만든 질문들이 모둠 안에서 다른 질문들과 만나 서로 영향을 끼치면서 가장 좋은 질문으로 수렴되는 과정이 얼마나 아름다운지. 이 과정에 학생들이 잘 참여하려면 준비 과정이 필요하다. 질문 만들기를 낯설어하는 학생들에게 질문을 만들어 보는 연습 시간을 충분히 주었더니 질문의 깊이가 달라졌다.

질문 만들기 훈련

- 1단계: 질문하고 사니?
  - 오바마의 질문 요청에 침묵하는 한국 기자들 _ EBS 다큐 _ 왜 우리는 대학에 가는가 5부
  - "훌륭한 질문은 우리를 근사한 곳으로 데려간다." _ 도로시 리즈, '질문의 7가지 힘'

- 2단계: 질문 유형 연습
  - 사실 확인 질문: 단어 뜻, 육하원칙, 사실과 거짓 파악
    예) 그 말의 뜻은 무엇일까요?/ 그 일은 어떻게 일어났나요?/ 그 사람은 정말 행복했을까요?
  - 사고 확장 질문: 표현 이해, 느낌, 비교, 의견, 가정, 문제 해결, 추리, 원인분석, 가치 판단
    예) 그 표현에 담긴 의미가 무엇인가요?/ 인물이 처한 상황에 관해 어떤 느낌이 드나요?/ A와 B는 어떻게 다른가요?/ 만약 ~라면 어떻게 되었을까요?/ 이 문제를 해결할 수 있는 방법은 무엇일까요?/ 그 인물들은 앞으로 어떻게 될까요?/ 이 일의 원인은 무엇일까요?/ 이 일에는 어떤 가치가 있을까요?
  - 적용 질문: 나에게, 상대에게, 우리 모두에게 적용
    예) 나라면, 당신이라면, 우리라면 어떻게 했을까요?

- 3단계: 질문으로 짝 토론하기
  - 사진 토론: 사진(혹은 그림)을 제시하고 그림에 관한 질문을 만들고, 짝과 토론한다.
    예) 질문 5개 만들기, 최고의 질문 뽑기

질문 훈련이 끝나면 각 모둠마다 모둠 지기를 정한다. 비경쟁 독서토론 참가자 모두가 주인공이 될 수 있게 하기 위해서는 모둠 지기의 역할이 매우 크지만 특별한 능력이 있어야만 모둠 지기 역할을 할 수 있는 것은 아니다. 기회가 된다면 다양한 학생들이 모둠 지기를 경험할 수 있게

하는 것도 좋을 것 같다. 비경쟁 독서토론을 경험한 학생들이 졸업 후에 독서 모임 하나쯤은 운영할 수 있는 용기와 경험을 얻게 되도록. 그렇게 하려면 누구든 모둠 지기를 쉽게 해낼 수 있도록 사전 모임을 운영하는 것이 좋다.

거창하게 사전 모임을 진행할 필요는 없다. 첫 토론을 진행할 모둠원들에게는 책을 다시 열어보면서 생각을 갈무리할 수 있도록 잠시 시간을 주고, 모둠 지기는 모여서 간단히 주의 사항을 안내하는 것으로도 충분하다. 모둠 지기의 역할, 대화의 물꼬를 트는 방법에 관한 간단한 안내로도 모둠 지기는 무적에 가까워졌다. 지도 교사는 전체 진행 상황을 살피다가 대화가 잘 진행되지 않는다고 판단되면 전체 모둠 지기들을 잠시 모아 문제 상황과 해결 방법을 공유해 보아도 좋다. 어려움이 있으면 모여서 함께 해결한다. 모둠 지기들이 혼자 외로움을 느끼지 않도록.

모둠 지기들에게 미리 안내할 사항

1. 모든 학생들이 대화에 참여할 수 있도록 기회를 준다.
2. 말하는 사람이 용기를 낼 수 있도록 적극적으로 반응하고 편안한 분위기로 이끈다.
3. 모둠 지기가 먼저 의견을 제시하며 다른 모둠원들이 준비할 시간을 준다.
4. 일상 이야기와 책 이야기를 엮어서 이야기를 할 수 있도록 한다.
5. 말문이 막힐 때는 다음 질문을 응용해 보아요.
   - 가장 인상적이었던 부분이나 좋은 문장을 이야기해줄래?
   - 이 작품에 등장하는 인물 중에서 가장 마음에 드는 인물이 누구였어? 그 이유를 이야기해줄 수 있을까? 내가 만약 그 인물이었다면 어떻게 했을까?

- 이 책을 읽고 인생에 조금이라도 변화가 있었다면 무엇이었는지 이야기해 줄
  수 있을까?
- 이 책에 대한 첫인상 혹은 총평을 이야기해줄 수 있을까?
- 작가의 생각에 대해서 너는 어떻게 생각하니?

본격 비경쟁 독서토론과 책 대화

모둠 지기 모임이 끝나면 모둠 지기들은 각 모둠으로 돌아가 바로 질문 만들기를 진행했다. 이때 각 모둠마다 큰 종이와 매직펜을 미리 나눠 주었고 토론을 하면서 자유롭게 흔적을 남길 수 있게 하였다. 첫 번째 토론이 끝나면 마음에 드는 질문을 찾아 이동을 해야 하지만, 추풍령중학교는 학생 숫자가 많지 않은 작은 학교(3-4개 모둠)라서 모둠 지기를 제외한 나머지 학생이 다음 모둠으로 한꺼번에 이동하게 했다. 모둠 지기들이 토론 과정을 충분히 설명하고 새로운 질문을 만들어 내는 과정이 조금 버거웠는데, 모둠 지기를 더 격려하면서 토론을 진행했다. 두 번 정도 이동을 하면 모둠마다 3개 정도 질문이 만들어지고 이를 발표하면서 토론을 정리했다.

책 대화에 질문 만들기를 합쳐서 진행해 보기도 했다. 책 대화는 모둠별로 아래 표 안에 있는 질문들에 대해서 자유롭게 대화를 나누는 활동이다. 책에 관해 기본적인 감상을 나눈 후에 질문으로 본격적으로 대화했다. 이 방식은 모둠을 옮겨가지 않았고 모둠 구성원들이 아주 깊게 대화할 수 있었다. 책 대화 방식으로 독서 수업을 진행하려면 모둠 구성에 조금 더 신경 쓸 필요가 있다. 평소 독서 수업에 적극 참여하거나 역량 있는

친구를 위주로 모둠 지기를 먼저 편성하고, 이후에 모둠 지기가 모둠원 1명을 지목하고 남은 학생들에게 모둠 지기를 고를 수 있는 권리를 주었더니 어느 정도 원만하게 모둠이 구성이 되었다. 아무래도 책 대화를 진행할 모둠 지기에게는 더 분명하게 할 일을 소개하고 더 큰 격려를 할 필요가 있었다.

비경쟁 독서토론이나 책 대화는 2시간 정도 운영하는 게 적당했다. 비경쟁 독서토론은 발표까지 2시간에 마무리를 할 수 있었고, 책 대화는 2시간 대화를 한 후에 그 뒤에 2시간 정도 더 확보하여 녹취록을 만들게 했다. 일종의 책 대화 보고서가 만들어진다. 비경쟁 독서토론을 할 때 질문과 기록들은 도서관 한쪽 벽에 전시를 하고 학생들이 갤러리 워킹을 할 수 있도록 안내를 하는 게 좋겠다.

책 대화 주요 질문들

- 인상 깊은 내용이나 문장 읽고 고른 이유
- 책 전반에 대한 각자의 감상
- 우리가 만든 질문들(인물의 상황, 행동 선택의 이유, 인물이 다른 선택을 했다면/ 주요 쟁점에 관한 생각/ 세상과의 연결: 세상일, 경험, 사람 등)
- 작가의 의도와 자기 생각

※ 사전에 질문을 3개 정도 만들어 보게 하고, 다음 기본 질문에 추가해서 운영한다.

2020 영동 청소년 비경쟁 독서토론 질문들
(주제도서: 천선란, 『천 개의 파랑』)

- '인간적이다'의 정의는 무엇일까요?

- 휴머노이드로 인해 실직한 인간이랑 휴머노이드는 공존할 수 있는가?

- 콜리처럼 완전 사람같은 인공지능이 나오면 그것을 보통의 기계처럼 취급하는 것이 과연 옳을까?

- 로봇을 사람 취급하는 것은 옳은가?

- 미래, 인공지능과 인간이 사랑할 수 있을까.

- 3%의 가능성이 있다면, 어떤 선택을 할 건가요?

  (* 소설에서 인공지능 구조 로봇은 3%의 확률밖에 안 되어서 사람을 구하지 않으려 하지만 인간 소방관은 3%의 확률 때문에 위험을 무릅쓰고 사람을 구한다.)

- 다시 태어나고 싶으신가요? 다시 태어난다고 하면 무엇으로 태어나고 싶으신가요?

- 작가님은 우리 사회의 어느 부분을 '빠르다'고 생각하시는지 궁금합니다.

- 외롭다는 게 어떤 의미일까요? 사전적 의미로 '외롭다'를 정의할 수 있을까요?

- 소설을 읽다보면 인간에 대한 따스한 신뢰가 느껴집니다. 소설에 등장하는 인물들의 성격 등에 관한 모티브는 어디서 얻으셨나요?

- 한 인물의 시점에서 이야기가 전개되는 것이 아니라, 각각의 인물의 시점에서 상황을 바라보고 각 인물에게 일어난 일이 따로 나타나서 인상적이였습니다. 이렇게 구성하신 이유가 있나요?

정리하기: 서평 쓰기

독서토론 혹은 책 대화가 끝나고 잘 정리하는 일이 남았다. 함께 읽기로 책에 관해 깊게 이해를 했다면 서평 쓰기로 자신과의 마지막 대화를 할 수 있도록 한다. 줄거리를 요약하고 간단히 생각을 덧붙이는 정형화된 독후감과는 다르게, 서평은 작품을 다각적으로 살피며 작품-독자-세계를 유기적으로 연결해준다. 제대로 된 서평 쓰기는 무척 어렵지만 전국국어교사모임 물꼬방에서 가져온 서평 쓰기 방법을 활용하면 학생들도 어느 정도 그럴듯한 서평을 써냈다.

이야기 조각 만들어 서평 쓰기

1) 총평 · 감상, 2) 명장면 · 명대사, 3) 자신의 경험, 4) 세상과 연결, 5) 인물 탐구, 6) 저자의 생각, 7) 깨달음(자신의 성장) 8) 책 대화에서 다룬 질문들, 9) 기타
→ 서평은 이중 4개 정도의 조각을 잘 엮어서 쓰도록 안내했다.

학생들이 쓴 서평을 묵혀두기 아까워서 매년 졸업 기념 문집에 싣고 있다. 학생들이 서로의 서평을 읽으며 새로운 책과 인연이 되고 자연스레 책을 즐기는 독자가 되면 좋겠다. 생각만으로도 기분이 좋다.

김초엽, '인지공간', 2020 젊은작가상수상작품집, 문학동네

김슬기 서평 일부
: 김초엽의 인지 공간을 다양한 관점에서 바라보는 질문들

1) 기억될 가치가 없는 지식은 지워지는 세상 속, 이 불편하고 답답한 기준들은 과연 누가 만든 걸까?

> 238p, "어차피 모든 오래된 지식은 낡아가며, 새로운 지식으로 기억되고, 기억될 가치가 없는 지식은 지워진다."

기억될 가치가 없는 지식은 지워진다고 한다. 그러면 기억될 가치가 없다는 기준은 대체 누가 정한 걸까? 이런 객관적이지만 주관적인 기준들은 이브와 세 번째 달을 공동 지식의 기억 쇠퇴 현상과 함께 사라지게 만들었다. 슬픈 사실이지만 이 인지 공간이 지배하는 세상에서 살고 있는 사람들은 전혀 아무렇지 않게 당연히 여기고 있다. 이러한 기준들은 이 세상 사람들에게도 똑같이 적용될 텐데 말이다. 이 기준은 이 세계관 밖에 존재하면서 알 수 없을 어떤 신이 만든 것일 수도 있고 이 세계관 안의 사람들이 계속해서 만들고 유지해 나가는 것일 수도 있다.

흠, 나는 이것을 우리의 현실 세계와 연관 지어서 생각해 보았다. 나는 이러한 기준들은 우리 스스로 만들고, 유지하고, 때로는 더욱 발전된 기준을 생산한다고 생각한다. 예를 들어 보자. 우리는 "공부를 잘해야 한다."라는 이상의 기준을 만들었다. 몇몇은 자신조차도 잘 하지 않는 공부를 다른 사람에게는 열심히 좀 하라고 이상한 잣대를 들이민다. 사회가 이런 기준을 만든 후 이 기준을 철저히 지켜가는 과정 속에서 공부를 잘하는 사람이 등장하고, 우리는 이런 사람들을 보며 우상

이라고 부르고 존경을 표한다. 물론 자신이 정말 공부를 즐기고 좋아해서 열정을 가지고 한 것이면 그것은 좋은 현상이다. 하지만 사실 공부 하는 것이 즐겁다고 생각하는 사람은 몇 되지 않을 것이라고 장담한다. 재밌지도, 행복하지도 않은 이 공부를 우리는 왜 잠을 줄여가며, 고유했던 우리의 내면을 다치게 하면서까지 이어 가고 있는가? 이건 우리가 만든 덫에 우리가 걸리는 꼴임과 동시에 서로서로 피해인 꼴이다. 우리가 만들어낸 기준들이, 다시 우리의 해로 돌아오는 것은 부정할 수 없다. 우리는 기준에 맞추려고 힘들어도 발악하고 허덕인다. 일종의 악순환이랄까? 우리 또한 힘들었던 기준을 나중에 어른이 되면 다른 세대에게 똑같이 물리게 될 것이다. 그것만은.

2) 이브의 장애는 어떻게 존재할 수 있었고, 어떻게 만들어진 것인가?

> 245p. "장애학에서는 몸의 손상이 장애를 만드는 것이 아니라 손상과 상호작용하는 사회적 구조가 장애를 만든다고 말한다. 특정한 형태의 몸에 맞추어 설계된 세계가 어떤 종류의 몸을 장애화 하는 것이다."

이브는 인지 공간의 세상 속에서 살아가는 사람들과는 다른 점이 있었다. 모두가 각자의 차이가 있지만 이브는 조금 더 특별한 점을 가지고 있었다. 이 때문에 사람들은 배려를 해 주거나, 조롱을 하거나, 배척을 하는 것과 같이 이브를 굉장히 특별하게 대해 주었다. 사실 이브는 이런 특별한 대우를 바라지 않았을 수도 있겠다는 생각이 들었다. 특별한 대우보다도, 그냥 다른 사람들과 같은 대우를 바랐을 것이라고 어림짐작해 본다. 245쪽의 작가노트에서도 말하듯이 장애는 '몸의 손상'이 아닌 '사회적 구조'가 만든다고 하였다. 그렇다. 몸의 손상은 당연히 있을 수 있는 것이지만, 사회는 이를 부정하고 이들에게는 다른 세계를 덧입혀준다. 어렸을 적에는 장애를 가진 사람에게 조롱과 비난을 하면 안 된다고 배웠다. 우리 모두는 상식적으로 조롱과 비난을 하면 안 된다는 것을 알고 있다. 나는 중학교 1학년 때 '보통이 뭔데?'라는 장애와 관련된 책을 읽은 적이 있다. 그 책의 작가는 장애를 가지고 계신 일본 분이셨다. 그 책의 내용 중 떠오르는 게 있었는데, 그것은 바로 어쩌면 과도한 친절과 배려는 오히려 더욱 장애인을 '특별'하고 '다른' 존재로 만들어 버려 아예 배척해버릴 수도 있다는 것이었다. 흠, 장애를 가지고 있는 사람의 입장에서 생각해 보자. 만약, 내가 장애인이라고 가정했을 때 주변 사람들이 나를 장애인이랍시고 불쌍하게 여기고 내게는 너무 부담스러운 친절과 배려를 나에게 베풀어준다면 그 역시 굉장히 고맙고, 은혜인 일일지 몰라도 마음 한 켠에는 저 사람들과 나는 같은 위치에 서 있는 사람이 아닌 그들에게 도움을 받아야 하는 존재구나, 하는 불편한 마음이 들 수도 있다. 이브는 그저 '다를' 뿐인데, 사람들은 엄청난 차이가 있는 것마냥 대우를 해 주니, 그건 사람들이 이브에게 장애를 안겨다 준 것과 같은 것 아닌가?

3) 그렇다면 우리와 다른 존재들은 어떤 방법으로 대해야 하는 것인가?

사실 나는 지금까지 방관자였을 수도 있고, 가해자였을 수도 있겠지만, 그런 내가 이런 말을 건네는 것도 우습게 보일 수 있겠지만, 나는 말하고 싶다. 우리가 할 일은 간단하다고. 정말 개미 더듬이같이 작은 차이점이 있다고 해서 개미핥기 울타리만큼 크게 확대해석하여 그게 마치 뭐 대단한 게 되는 것 마냥 다르게 행동하지 말고 그저 똑같이 대해 주는 것. 그거면 된다고.

이 작품에 대한 총평을 말하자면,

지금 현실의 우리들에게 개별적인 인지 공간, 즉 스피어가 있어서 다행이라고 생각한다. 개별적인 인지 공간이 없고 이 소설의 내용처럼 뭔가 계속 희생되고 사라져 가야 하는 외로운 사회에서 사는 것보다는 우리의 개성 넘치고 창의력이 넘치는 스피어가 훨씬 좋다. 당연한 것일 수도 있겠지만 스피어가 우리들 안에 존재하는 것은 정말 큰 행운이며 감사해야 할 일이라고 생각한다. 뭔가, 소수의 의견이 존중받지 않는 사회, 다수가 소수를 힘과 권력으로 누르는 사회, 억제되고, 통제되고, 의사를 반영하지 않으며 뭔가가 하나씩 사라지고, 사라지고 나면 사람들은 그게 있었던 사실조차 잊은 채 바쁘게 살아가는 사회. 그런 사회는 정말 싫다. 인지 공간은 그런 사회였기에 세 번째 달도 잊었다. 글을 읽으며 세 번째 달과 이브가 겹쳐 보인 것은 기분 탓일까 생각도 해 본다. 자신이 살고 있는 이 사회에서 자신이 인정받지 못하고 없는 취급을 당한다면 얼마나 서러우면서도 불안하고 원망할까. 자신이 인정받지 못하는 것에 대해 시위나 투쟁을 한다 해도 그것에 대해 크게 신경 쓰지 않고 대수롭지 않게 넘기는, 시위와 투쟁이 전혀 먹히지 않는 그런 사회니까. 마지막으로 이 소설을 읽을 때 어두운 감정들도 들었지만 여러 번 읽으며 이해를 할 때마다 재미가 쏠쏠했다.

앞으로는 이렇게,

　이 책을 읽고 나니 모르고 있던, 신경 쓰지 못하고 있던 부분에서도 내가 가해자나 방관자가 될 수도 있다는 사실을 알게 되었다. 또한 얼마나 무심하게도 살아가고 있었는지, 얼마나 많은 일들을 외면하며 듣지 않으며 살아왔는지 깨닫게 되었다. 앞으로는 눈에 잘 띄지도, 보이지노 않는 일들에 귀와 마음을 기울여 살고 싶다. 이 사회 또한 더 자주 그들의 이름을 부르고, 악순환의 구조를 끊거나 변화시켜 나가야 한다. 꾸준히 수정되고 발전되는 우리 사회를 기원하며. 각자의 삶에서 각자의 개성을 피워내자. 다른 것이 아니라 특별하고 소중한 것이다. 그만큼 더욱 아껴야 하는 것이다. 우리를 아끼자.

김도연 서평 일부

시대가 변화할수록 이브처럼 조금은 먼 곳에서, 조금은 틀에서 벗어나 바라본 시선이 중요해질 거라고 믿는다. 내가 워낙 틀에 갇혀 사는 편이라 이브가 하는 말들이나 생각들이 특히 멋져 보였다. 나도 이브처럼 생각하는 능력을 길렀으면 좋겠다. 모두가 '예'라고 할 때 혼자 '아니요'를 주장할 수 있는 그런 용기. 이브에게는 박수를 전해 주고 싶다.

신민서 서평 일부

인지 공간을 읽고 곱씹다 보니 소설 속세계가 무척이나 내가 사는 이 세계와 겹쳐 보였다. 이 세계에서는 다수가 아닌 소수의 목소리는 쉽게 묻힌다. 다수의 의견과 다른 의견은 틀렸다 생각된다. 사실 틀린 건 없다. 다른 것이다.

우리는 태어남과 동시에 생물학적인 성인 남자와 여자로 분류된다. 그러나 세상엔 더 다양한 성이 존재한다. 그렇지만 우리는 남자와 여자란 기준에 서서 다른 소수자들을 이상하게 바라본다.

그렇다면 개성과 개인이 존중된 사회는 어떨까? 굉장히 재미있고 새로울 것 같다. 늘 똑같으면 재미없고 질리지만 늘 달라지면 새롭고 즐겁지 않은가. 모두가 정형화된 기계 같은 삶을 산다면 무척 심심할 것 같다.

또한 모두가 다른 것이 존중되고, 자신을 충분히 표현할 수 있는 사회가 된다면 사람들이 지금보다 훨씬 자신을 더 잘 표현할 수 있을 것이다. 그러면서 더 행복한 사회가 되지 않을까?

그렇기에 우리는 서로를 존중하고 인정해 주어야 한다. 생각해 보라, 자신의 존재 그 자체가 인정받는 것보다 더 즐거운 것이 있을까. 모두가 즐겁고 행복하기 위해 존중하고, 인정해야 한다.

학생들의 변화와 과제

교육과정을 적극적으로 재구성하여 『독서』를 각 학기마다 중요한 비중으로 반영하고 비경쟁 독서토론, 책 대화 등 함께 읽기, 서평 쓰기, 나만의 독서 레시피 발표 등 다양한 활동들을 경험하고 있다. 수행평가에도 반영을 하니 이를 가볍게 여길 수도 없다.(학기마다 20% 이상) 자연스럽게 학생들은 1년에 2~3권의 책을 기본적으로 읽고 대화하고 쓰고 발표하게 되었다. 학생들은 이를 특별한 경험으로 받아들이고 있는 듯하다. '혼자 읽을 때 몰랐던 것을 많이 알게 되었다.', '처음에는 이상했는데 함께 질문을 만들면서 대화하니까 재미있다.', '답을 정해 놓은 게 아니라 질문으로 답을 찾아가는 과정이 꽤 재미있다.'는 반응이 많았다. 수행평가를 촉진제로 삼아 학생들이 독서 활동을 진지하게 대하고 이를 통해 성장할 수 있게 되었고 특히 함께 읽기의 매력을 조금 알게 된 것 같아 다행이다.

독서 활동을 더 집중적으로 하고 싶어서 지도 교사가 미리 책을 정하거나 2권 중 한 권을 고르게 해서 학생들과 함께 읽기를 해 왔는데, 이런 방식이 학생들의 책 선택권을 제한하는 것은 아닌지 돌아보고 있다. 학생들에게 선택권을 더 많이 주기 위해, 1권은 지도 교사가 고른 책으로 1권은 학생들이 더 많은 선택지 중에서 고를 수 있도록 기회를 술 예성이다. 한편 앞서 언급했던 '프리덤 라이터스 다이어리'의 에린 그루웰은, 좋은 책을 함께 읽는 것으로 영어 수업을 해나간다. 좋은 작품을 천천히 읽으며 대화에 참여하는 모두가 함께 성장하고 성취기준도 모두 달성하는, 좀 더 멋진 국어 수업을 해 보고 싶이 노력 중이다. 조금 큰 용기를 내어, 2021년에는 1학년 국어 전 과정을 생태철학, 퍼머컬처(지속가능한 농업)을 주제로, 책을 읽고 토론하고 발표하거나 쓰는 큰 도전을 시작했다. 텃밭

을 관찰하고 글을 쓰며 다른 존재에게 다정한 시선을 보내는 연습을 했
다. 계절에 잘 어울리는 시를 함께 읽고 자신의 경험과 감상을 엮어 '시
경험 쓰기'를 해보았다. 멸종된 동물에 관한 책 '내 이름은 도도(선푸위)'를
천천히 읽고 관련 영상을 보고 토론하거나 책 대화, 서평 쓰기를 하고, '
멸종 동물이 되어 말하기'도 했다. 텃밭에서 수집한 단어들로 어휘의 체
계를 다루기도 했다. 이를 바탕으로 한 달에 두 번 정도 텃밭에 나가 직접
퍼머컬처 농업을 배운다. '읽고-대화하고-쓴다'를 기본으로 '실천해 본
다'를 최종 단계로 삼는 첫걸음을 내딛는 셈이다.

앞으로도 '경쟁하지 않고 함께 읽기'를 독서 수업의 뼈대로 삼고 갈
예정이다. 감상의 정답을 정해 놓고 가는 길이 아니라 다양한 감상들이
계속 부딪혀 생각이 다듬어지며 함께 성장하는 일, 책 읽는 즐거움을 발
견하고 실제로 즐기거나 즐길 수 있도록 격려하며 가는 일, 바로 경쟁하
지 않고 함께 읽기의 매력이니까.

2020년 2학년 1학기 국어과 평가

구분		수행평가(100%)				
1학기	평가 방법	기본 활동	독서활동 + 다양한 시선	에너지 전환 체인지 메이커	광고 분석 보고서	언어 보고서 (서논술형)
	반영 비율	20	30	20	10	20
	만점	20	30	20	10	20
	평가 시기	3-7월	3-4월	4-5월	5월	6-7월

※ 자유학년제 연계학기 '연극잼잼'은 별도 평가

2021년 2학년 1학기 독서 활동 + 다양한 시선 세부 평가 내용

단원명	1. 나만의 색을 찾다 4. 너의 자리에 서보다	평가주제(내용)	독서 활동 + 다양한 시선
성취기준		[9국05-04] 작품에서 보는 이나 말하는 이의 관점에 주목하여 작품을 수용한다. [9국05-09] 자신의 가치 있는 경험을 개성적인 발상과 표현으로 형상화한다. [9국02-08] 도서관이나 인터넷에서 관련 자료를 찾아 참고하면서 한 편의 글을 읽는다. [9국02-10] 읽기의 가치와 중요성을 깨닫고 읽기를 생활화하는 태도를 지닌다.	

영역	평가요소	등급	평가척도	배점
독서 활동 + 다양한 시선 (30)	내용 이해 (12)	A	작품에서 보는 이와 말하는 이의 관점을 잘 이해하고 있다.	12
		B	작품에서 보는 이나 말하는 이의 관점 일부를 이해하고 있다.	9
		C	작품에서 보는 이와 말하는 이의 관점을 이해하지 못하고 있다.	6
	의미를 공유하는 책 대화 (9)	A	책에 관한 다양한 생각들을 잘 공유하며 대화를 하고 있다.	9
		B	책에 관한 대화에 참여하나 의미 공유에 부족함을 느끼고 있다.	6
		C	책에 관한 대화와 의미 공유에 어려움을 느끼고 있다.	3
	삶과 경험과 개성적인 발상과 표현이 담긴 글쓰기 (9)	A	자신의 삶과 구체적 경험을 담아 개성적인 발상과 표현으로 독자에게 감동을 주는 글을 능숙하게 썼다.	9
		B	자신의 삶이 반영되어 있으나 경험이 구체적으로 반영되어 있지 않으며, 상투적인 발상과 표현으로 글을 썼다.	6
		C	자신의 삶과 글을 연결 짓는 데 어려워하며 식상한 발상과 표현으로 글을 썼다.	3

1학년 자유학년제 국어 평가 내용 <우리는 모두 연결되어 있다>

단원명	1. 우리는 중학생이다 3. 나는 날마다 자란다 4. 정보를 요리합니다	평가주제(내용)	읽기의 기술+보고서 쓰기+배려하며 말하기
성취기준	[9국01-04] 토의에서 의견을 교환하여 합리적으로 문제를 해결한다. [9국02-02] 독자의 배경지식, 읽기 맥락 등을 활용하여 글의 내용을 예측한다. [9국02-03] 읽기 목적이나 글의 특성을 고려하여 글 내용을 요약한다. [9국02-08] 도서관이나 인터넷에서 관련 자료를 찾아 참고하면서 한 편의 글을 읽는다. [9국03-03] 관찰, 조사, 실험의 절차와 결과가 드러나게 글을 쓴다. [9국03-05] 자신의 삶과 경험을 바탕으로 하여 독자에게 감동이나 즐거움을 주는 글을 쓴다. [9국03-06] 다양한 자료에서 내용을 선정하여 통일성을 갖춘 글을 쓴다. [9국05-10] 인간의 성장을 다룬 작품을 읽으며 삶을 성찰하는 태도를 지닌다.		

영역	평가요소	등급	평가척도
읽기의 기술 + 보고서 쓰기 + 배려하며 말하기	예측하고 요약하며 관련 자료를 찾아 읽는 읽기의 기술	A	배경지식과 맥락을 고려하여 예측하고 목적이나 글의 특성을 고려하여 요약하며 관련 자료를 찾아 글을 읽고 있다.
		B	예측하며 읽지만 배경지식과 맥락이 뚜렷하게 드러나지 않으며, 요약을 할 때 글의 일부가 목적이나 특성을 담지 못했다. 관련 자료를 찾았으나 연관성이 다소 떨어진다.
		C	예측하며 읽거나 요약하기, 관련 자료 찾기에 어려움을 겪고 있다.

읽기의 기술 + 보고서 쓰기 + 배려하며 말하기	의미를 공유하며 상대를 배려하는 책 대화	A	책에 관한 다양한 생각들을 잘 공유하고 배려하며 토의를 하고 있다.
		B	책에 관한 토의에 참여하나 의미 공유와 상대를 배려하는 데 다소 부족함이 있다.
		C	책에 관한 토의에 참여하나 의미 공유와 상대 배려에 어려움을 느끼고 있다.
	삶과 경험이 담긴 감동적인 글쓰기	A	자신의 삶과 구체적 경험을 바탕으로 독자에게 감동인 글을 능숙하게 썼다.
		B	자신의 삶이 반영되어 있으나 경험이 구체적으로 반영되어 있지 않은 글을 썼다.
		C	자신의 삶과 글을 연결 짓는 데 어려워하며 글이 주는 감동이 부족하였다.
	통일성을 갖춘 글쓰기 (보고서 작성)	A	통일성을 갖춘 완전한 글(보고서 등)을 썼다.
		B	통일성에 어긋나는 부분이 일부 포함된 글(보고서 등)을 썼다.
		C	통일성 의미 이해에 어려움을 겪고 있으며 통일성에 어긋난 글(보고서 등)을 완성하지 못했다.

책 읽는 따뜻한 학교로 가는 길

책 읽기가 조금 특별한(?) 사람들의 취미 정도로 인식되는 사회 분위기를 막을 수는 없을 것 같다. 영상 매체의 파괴력을 어떻게 이길 수 있을까. 그래서 영상 세대들에게 책을 한 권 읽게 하려는, 어찌 보면 불가능해 보이는 일을 교육 현장에서 해내는 이들을 존경할 수밖에 없다. 한편 책을 읽지 않는 시대를 어른들도 바꿀 의지가 없으면서 청소년들에게 책을 읽으라고 말할 수 있겠나 싶다. 선생님들도 '책 읽는 아름다운 사람'이 되면 좋겠다. 책 읽는 사람들이 행복한 기운을 뿜뿜뿜 풍기면서 다니면서,

더 많은 이들이 조금 용기를 내어 독서의 세계로 들어올 수 있도록 초대하면 좋겠다.

학교 안팎에서 학생들에게 자주 노출되었으면 하는 것들의 목록: 누구나 멋스럽게 책을 들고 다니는 모습, 동네 편의점이나 커피숍에서 책 읽는 모습, 버스나 지하철에서 최근에 읽은 책에 대해 이야기하는 모습, 골목마다 동네 책방, 동네 책방과 함께 지역 문화를 만들어 가는 마을 도서관, 선생님들의 독서 모임, 교무실이나 학교 벤치에서 책 읽는 선생님의 모습, 책을 읽는 선생님이 흐르는 눈물을 닦거나 빙그레 미소를 띄는 모습, 곳곳에 독자들을 유혹하는 책 광고들, 무엇보다 함께 책을 읽는 다양한 모임들.

김기문

> 책을 열렬히 사랑하는 사람들은 자신들도 모르는 사이에 놀라울 정도로 특이한 비밀결사를 구성한다. 모든 것에 대한 호기심과 연령의 구분 없이 섞이지 않음이, 결코 서로 만나는 일 없이도 그들을 한데 모아 놓는다.
>
> ― 파스칼 키냐르

고등학교 비경쟁 독서토론 사례
비경쟁 독서토론을 수업 안으로

이동진

(세명고등학교)

공존 프로젝트

2019년 2학년 2학기 때 내가 맡은 과목은 '고전 읽기'이다. 국어과 교육과정에 고전 읽기가 들어온 것은 굉장히 큰 사건이었다. 왜냐하면 교과서가 없기 때문이다. 교사가 정한 책을 학생들과 함께 읽고 교사가 의미 있게 구성한 활동을 하고 평가를 하면 되었다. 우리 학교 다른 국어과 선생님들은 고전은 지루하고 어렵다는 선입견 때문에 학생들이 재미없어 할 거라며 피하였지만 나는 거의 모든 자율권이 교사에게 있는 이 과목이 너무 좋았다. 그래서 내가 해 보겠다고 자원했다.

조금더 공부를 해 보니 교육과정 개편을 위한 논의 과정에서 '고전 읽기'의 '고전 읽기'을 우리가 흔히 알고 있는 고전(古典)의 의미로 정의하지 않기로 했다. 교사가 판단해서 읽을 만한 가치 있다면 시대와 상관없이 모두 고전이라 부를 수 있었다. 그래서 나는 과감하게 단편소설 모음집을 선택했다. 단편소설을 가져 온 이유는 전체 학년이 다 같이 읽어야 하기 때문이다. 경험상 단행본으로 할 경우 중도 포기자가 나올 확률이 굉장히 높았다. 뜻과 의지가 없는 아이들에게 한 권을 다 읽게 하는 데 드는 교사의 에너지가 만만치 않았다. 하지만 호흡이 짧은 단편소설은 확실히 아이들이 덜 부담스러워 했다. 게다가 2018년도에 단편소설을 아이들과 1년 동안 함께 읽어 온 경험이 있어서 책 읽기를 아무리 싫어하는 아이들이라도 읽을 만한 단편 소설 목록을 꽤 가지고 있었다.

문제는 어떤 방식으로 읽고 활동을 할 것이냐인데 사실 이것은 크게 고민을 하지 않았다. 왜냐하면 내가 고전 읽기를 맡고 싶었던 결정적 이유가 바로 비경쟁 독서토론을 수업시간에 해 보고 싶었기 때문이다. 충북 인문 독서 지원단에서 청소년 비경쟁 독서토론 한마당에 참여하며 늘 벅차고 감동했지만 아쉬움이 있었다. 이렇게 좋은 독서 프로그램을 1년에 한 번 그것도 한 학교당 세 명 정도밖에 참여할 수 없다는 것이 안타까웠다. 결국 비경쟁 독서토론이 의미 있는 교육 활동으로 정착하기 위해서는 학교 안에서, 또 수업 안에서 이루어져야만 한다. 그런데 고전 읽기라는 과목이 비경쟁 독서토론으로 수업을 구성하기에 굉장히 좋은 조건들을 가지고 있었다.

그때 수업을 구상하면서 했던 메모의 내용이다.
- 기존에 발간된 단행본이 아니라 '공존'이란 주제로 토론할 수 있는 단편 6편을 모아 제본하여 책으로 만들 것. 이 책을 한 권 읽기 도서로 정함.
- 수업의 목적은 문학 작품을 통해 우리가 함께 공존해야 할 대상에 대해 생각해 보고 여러가지 활동을 통해 그 방법에 대해 모색해 보는 것임.
- 공존의 대상을 청년, 로봇, 여성, 청소년, 동물, 성소수자, 장애인으로 정함.
- 교육용으로 제본하여 외부로 반출하지 않고, 학교 내에서만 사용할 경우 저작권 위반 문제가 발생하지 않음.

고전 읽기 수업이었지만 별도로 '공존 프로젝트'란 별칭을 붙이고 학생들에게도 그렇게 부르도록 안내했다. 한 학기 동안의 수업을 통해서 우리 아이들이 '공존'이라는 단어에 대해 깊이 생각해 보고, 나와 함께 더불어 살아가는 존재들, 우리 사회의 문제들에 대해 더 관심을 가졌으면 좋겠다고 생각했다. 그래서 수업 전체에서 아래의 성취기준을 중심에 두었다.

> [12고전03-02] 고전을 읽고 공동의 관심사나 현대 사회에 유
> 효한 문제를 중심으로 통합적인 국어 활동을
> 수행한다.
> [12고전04-01] 고전 읽기의 생활화를 통해 바람직한 삶에 대
> 해 탐구하고 인성을 함양한다.

그런 고민 끝에 선정한 작품들이 다음과 같다.

순번	작품 제목	저자	키워드
1	알바생 자르기	장강명	청년
2	헬렌올로이	레스터 델리이	로봇
3	경년	김이설	여성
4	가리는 손	김애란	청소년
5	노찬성과 에반	김애란	동물
6	굿바이 메리 개리스마스	오진원	성소수자
7	떠떠떠, 떠	정용준	장애인

1번부터 5번까지는 모든 학생들이 공통으로 읽기로 한 작품이다. 일
주일의 두 시간 중 한 시간을 함께 이 작품을 읽는다. 6번과 7번 작품은
학생의 선택에 맡기기로 하였다. 성소수사 문제나 장애인 문제에 관심이
있는 친구는 읽어보면 좋을 것이라고 말해 주었다. 사실 키워드와 작품의
연결이 부자연스러울 수는 있었다. 왜냐하면 키워드의 주제가 작품에서

다루어지기는 하지만 작가가 말하고 싶은 진짜 문제냐라고 물어보면 확실하게 고개를 끄덕일 수는 없기 때문이다. 대신 키워드의 존재가 작품에 분명히 중요하게 등장을 하니까 모둠의 협의와 토론을 통해서 공존의 방법을 모색해 보자고 열어 두었다. 그리고 그것이 비경쟁 독서토론의 철학과도 연결된다고 생각했다.

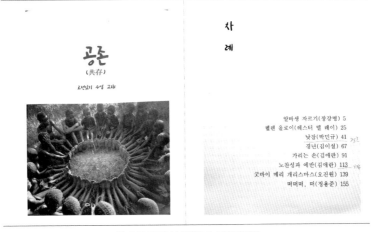

별도로 제작한 단편 소설 모음집

수업방법

학급 인원에 따라 6모둠을 구성한 후 모둠별로 주제 작품을 한 작품씩 정하여 전문가 집단을 만든다. 각 모둠은 주제 작품을 읽고 요약문을 작성한다. 이때 개인별 요약문과 전체 요약문을 함께 제출한다. 개인별 요약문을 작성한 다음 모여서 서로의 글을 공유하고 협의를 통해 더 나은 요약문을 만든다. 그리고 일주일에 한 편씩 전체 학생이 작품을 함께 읽고 비경쟁 독서토론을 한다. 이 때 될 수 있으면 그 작품의 전문가 집단 친구들이 모둠지기를 맡는다. 전체 학생은 작품을 읽고, 정해진 양식에 따라 독서노트를 작성한다. 각 모둠은 주제 작품에서 '공존'의 키워드를 찾아내어 그것을 PPT로 작성하여 발표한다. 그러니까 작품읽기-비경쟁 독서토론-전문가 모둠의 발표를 총 6번하게 된다. 6번의 활동이 끝나면 개인적으로 가장 인상적이었던 작품을 한 편 선정하여 서평을 작성하면 되며 서평은 총 A4 3쪽 이상을 작성해야 한다. 6편의 작품 중 원하는 작품이 없을 경우 『굿바이 메리 개리스마스』나, 『떠떠떠, 떠』를 선택해서 할 수도 있다. 수업 단계와 평가 계획은 아래와 같다.

수업 전체 계획

개요	단계	차시	활동 내용
1	모둠구성	1, 2	교사의 작품 설명을 듣고 집중적으로 탐구할 주제를 선정하고 활동 계획 수립
2	작품 읽기	3, 6, 9, 12	전체 학생이 동일한 작품 읽기, 독서노트 작성은 과제
3	비경쟁 토론	4, 7, 10, 13	전체 학생이 비경쟁 독서토론
4	전문가 발표	5, 8, 11, 14	모둠별 작품에 대한 해석과 키워드별 공존 방안 발표

구분		지필평가가(50%)				수행평가(50%)				
		1차고사(25%)		2차고사(25%)						
2학기	평가 방법	선택형	서술형	선택형	서술형	요약문 쓰기	독서노트 쓰기	비경쟁 독서토론	PPT 제작 발표	서평 쓰기
	반영 비율	17.5%	7.5%	17.5%	7.5%	10%	10%	10%	10%	100%
	만점	70점	30점	70점	30점	10점	10점	10점	10점	10점
	환산점	17.5점	7.5점	17.5점	7.5점					

모둠구성

수업을 구성할 때 어떻게 모둠을 구성하는지가 굉장히 중요하다. 모둠 구성이 문제가 되어 수업 전체가 어그러지는 경우가 많았기 때문이다. 아이들끼리 자유롭게 짜게 해도 문제였고, 교사가 일방적으로 수준에 맞게 짜도 문제였다. 이번 활동의 경우 대부분의 활동 과정이 모둠 중심으로 이루어져야 했기 때문에 고민이 많았는데 송승훈 선생님의 '나의 책 읽기 수업'에 절묘한 방법이 나와 있었다.

> 셋째는 교사와 학생이 각각 절반씩을 결정하는 방법이다. 한 반이 스물여덟 명이고 한 모둠이 네 명이라고 하면, 교사가 역량 있는 학생 일곱 명을 먼저 뽑는다. 이 학생들은 같은 모둠에 들어갈 수 없고, 각각 다른 모둠에 들어가게 한다. 그리고 이 학생들이 한 사람씩 자기와 호흡이 맞는 친구를 고른다. 여기까지 하면, 전체 모둠 네 명 중에서 두 명이 채워진다.
>
> 그런 다음에 아직 모둠에 속하지 않은 학생들이 자유롭게 모둠을 선택하게 한다. 이렇게 하면 교사가 두 명을 뽑고, 학생 두 명이 자기가 원하는 모둠을 고르게 된다. 학생 마음대로 하거나 교사 마음대로 하는 방법의 장단점이 반반씩 섞여 있게 된다.[1]

송승훈 선생님의 책에 나와 있는 방식대로 진행을 했더니 아이들의 반응이 굉장히 좋았다. 소위 반에서 공부를 잘하는 친구들끼리 같은 모둠에 섞이지 않는다는 점에서 다른 친구들의 만족도가 컸고, 교사에게 선

1 나의 책 읽기 수업(송승훈, 나무연필, p57-58)

발된 아이들은 본인이 마음에 드는 친구를 선택할 수 있다는 것에 만족해
했다. 그리고 나머지 아이들은 자기가 원하는 모둠을 선택해서 들어갈 수
있어서 좋았다. 모둠이 겹치는 경우는 가위바위보로 결정해서 결과에 승
복하도록 하였다.

모둠 편성 결과

모둠이 구성된 후에는 모둠별로 바로 한 학기 계획을 세우게 하였다.
장기 프로젝트이고, 다른 교과와의 수행평가 일정도 있기 때문에 면밀하
게 계획을 세우는 게 중요했다. 사실 이것은 표면상의 이유이고 일단 모
둠끼리 서로 소통하는 시간이 필요하다고 생각했다. 그래서 서로 한마디
씩 하고, 상대의 이야기를 듣는 과정을 가지면 그 다음부터는 훨씬 너 진
밀한 상태에서 모둠 활동이 가능할 것 같았다. 그런 점에서 첫 활동으로
는 계획 세우기가 제격이었다.

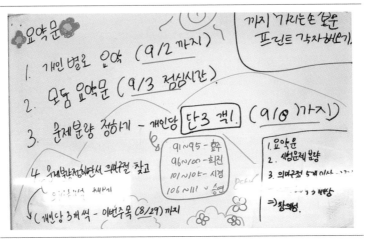

모둠 활동 계획

요약하기

요약하기는 작품을 사실적으로 이해하는 데 중요한 활동이라고 생각했다. 게다가 각 모둠이 작품에 대한 전문가로 활동해야 하기 때문에 자기가 맡은 작품을 더 정확히 이해하는 것은 꼭 필요했다. 이 활동을 개인 활동과 모둠 활동으로 나눈 이유는 두가지 이유 때문이다. 최종 결과물이 글쓰기인 경우 이것이 모둠 활동으로 진행이 되면 한 명의 친구가 전체 부담을 해야 하는 경우가 너무 많았다. 다른 친구들은 글을 잘못 쓴다는 이유로 무임승차를 당연하게 생각했다. 그래서 생각한 것이 개인 결과물과 모둠 협의에 의한 결과물을 따로 받고 별도로 평가를 하기로 했다. 아이들도 전체적으로 수긍을 해 주었다.

작품 전체 내용을 500자 내외로 요약하게 하였다. 정해진 양식을 나눠주고 그 분량을 넘지 않도록 강조했다. 개인별 요약문을 제출하면, 각 요약문을 가지고 모둠이 모여 함께 읽어보고 더 좋은 공통의 요약문을 만들게 하였다. 그래서 개인 요약문 5점, 모둠 요약문(공통점수) 5점을 배점으로 하였다. 그 이유는 개인적으로는 좀 부족하더라도 모둠 협의를 통해 자기 점수가 더 좋아지는 경험을 하게 하고 싶었고, 원래 잘하는 친구도 나눔의 기쁨을 배울 수 있었으면 했다. 요약문의 평가 기준은 작품 전체의 서사를 시간 순에 따라 주요 사건을 빠뜨리지 않고 잘 정리하였는지를 기준을 하였고, 문학 자습서 같은데 나오는 전체 줄거리 형식으로 작성하면 된다고 하였다. 그리고 모둠별 협의하는 과정을 반드시 인증샷으로 찍어서 제출하도록 했다.

요약하기 모둠 활동

함께 읽기 그리고 비경쟁 독서토론

작품은 무조건 도서관에서 함께 읽는 방식으로 정했다. 같은 작품을 같은 공간에서 같은 시간에 함께 읽는 경험을 하게 해 주고 싶었다. 그리고 좀 자유롭게 읽도록 하고 싶었다. 정해진 책상에서 같은 자세로 읽는 대신 도서관에서 가장 마음에 드는 공간에서 오롯이 혼자 집중할 수 있게 하였다. 그래서 도서관 안에서라면 어떤 방식으로 책을 읽든 관여하지 않았다. 그랬더니 굉장히 재미있는 풍경이 많이 나왔다.

함께 읽기 시간에 자유롭게 책 읽고 있는 모습

비경쟁 독서토론은 충북 청소년 비경쟁 독서토론 한마당 모형을 기본으로 하되 수업에 가능한 몇 가지 요소를 추가하였다. 작품별 전문가 모둠원들을 먼저 모둠지기로 배치한다. 그러면 두 명 정도가 부족하기 때문에 나머지 두 명은 희망하는 학생을 시켰다.(생각보다 하겠다는 친구가 많아 어려움이 없었다.) 모둠지기 편성이 끝나면 첫 번째 토론할 모둠을 배정해야 하는데, 시간상 아이스브레이킹을 하기가 어려워서 조금 재미있는 방식으로 배정해 보았다. 출신 중학교, 혈액형, 별자리, 좋아하는 아이스크림 이름을 기준으로 모이게 하였다. 약간의 차이가 있으면 아이들에게 양해를 구하고 조정하여 인원을 맞추었는데 훨씬 재미있고, 부드러운 분위기로 시작할 수 있었다. 아이스브레이킹이나 공동체 놀이가 따로 필요하지 않았다.

첫 번째 토론을 할 때 제일 어려운 점은 이야기를 처음 꺼내게 하는 것이다. 처음 이야기만 자연스럽게 나올 수 있으면 그 다음부터는 대체로 큰 문제 없이 자연스럽게 흘러간다. 그래서 제일 먼저 모둠지기는 모둠원들이 작품을 읽고 자기가 생각하는 가장 중요한 키워드나 좋았던 문장을 돌아가면서 이유와 함께 말하도록 진행하였다. 비슷한 키워드도 있고, 그렇지 않은 키워드도 있었지만, 내가 잘 읽었다는 안도감, 저렇게 생각할 수도 있겠구나 하는 호기심이 동시에 생겨서 그 다음 이야기를 이끌어 가기가 쉬웠다. 마음에 드는 문장이 같을 경우에는 서로 통했다고 호들갑을 떨기도 했다. 이 방식이 괜찮아서 세 번째 작품부터는 키워드 이야기하기로 토론을 시작하는 것을 규칙으로 정했다. 그리고 반별로 나온 키워드와 만들어진 질문 전체를 포스트 잇에 적어 칠판에 붙인 다음 수업 시간에 소개해 주었다. 그랬더니 일부러 겹치지 않는 다른 키워드를 가지고 얘기하려고 했고 그러다보니 정말 작품을 샅샅이 살필 수 있게 되었다. 단편소설임에도 불구하고 이렇게 얘기할 거리가 많다는 것을 모두가 확인할 수 있었다.

작품 한 편이 끝나면 반별 키워드와 질문을 유인물로 작성하여 학생들에게 나누어 주었다. 모두가 함께 만든 결과물이라는 점에서 아이들이 뿌듯해 하였고, 키워드와 질문만으로도 작품을 깊이 공부하여 자신의 읽기와 비교할 수 있었다.

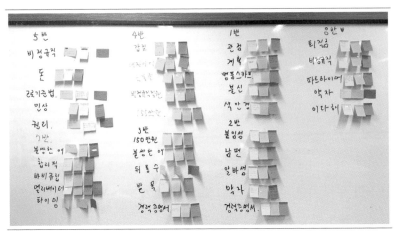

반별 키워드와 질문을 정리해 놓은 칠판

비경쟁토론 분위기는 굉장히 좋았다. 무엇보다 그동안 '토론'이란 프로그램이 얼마나 아이들을 위축시켰는지 알 수 있었다. 토론을 하겠다라고 했을 때 찡그려졌던 아이들의 얼굴이 '말하기 싫으면 하지 않아도 돼', '듣는 것만 해도 굉장한 일이야', '주제와 상관없어도 돼'와 같은 비경쟁 독서토론의 철학을 이야기하자 금방 화색이 돌았다. 몇몇은 처음에는 의심하더니 이내 적응을 하고는 누구보다 열심히 참여하였다.

그동안의 모둠 활동, 토론 활동은 사실 소위 공부잘하는 아이들이 두각을 나타낼 수 밖에 없었다. 그러다 보니 많은 친구들이 활력을 잃어갔다. 그런데 비경쟁 토론에서는 누구나 동등하게 정답이 아닌 이야기를 할 수 있는데다가 가끔은 무심코 던진 내 이야기가 토론의 핵심으로 등장하는 경우가 있어서 최소한 이 토론 시간만큼은 서로 간의 성적을 잊게 된다. 게다가 경청과 맞장구는 또 얼마나 잘해 주는지 나는 교실을 다니며 아이들이 토론하는 모습을 지켜보는 것만으로도 행복했다.

비경쟁 토론 모습

기억에 남는 장면 하나

'헬렌 올로이'라는 작품으로 토론을 할 때였다. 이 작품은 로봇과 인간과의 사랑을 다루고 있는데 1938년에 발표된 작품임에도 불구하고 요즘 시대에 특히 시사하는 점이 많은 굉장한 소설이다. 두 명의 주인공이 나오는데 그 중 한 명이 로봇에 대해 극도의 거부감을 갖고 있다. 심지어 로봇을 피해 고향으로 떠나버리기까지 했는데, 나중에 갑자기 다시 돌아와 그 로봇과 결혼을 하더니 여생을 마칠 때까지 행복하게 산다.

이 작품을 가지고 8개의 반에서 토론을 했지만 주인공이 갑자기 다시 돌아온 이유에 대해서 아무도 명쾌한 해석을 내놓지 못하고 있었다. 그런데 저쪽 모둠에서 "대박!"이라는 소리가 들리더니 "선생님 OO 얘기 좀 들어보세요."라고 하는 것이다. OO는 학교에서 굉장히 소극적인 학생이다. 선생님들께 먼저 말을 거는 경우는 당연히 없고, 정말 극소수의 아이들과만 간신히 대화를 나누는 친구이다. 성적도 좋은 편이 아니다. 그래서 나도 OO에게 크게 기대를 안했던 것 같다. 그러다보니 비경쟁 토론 때 어떤 식으로 참여했는지 기억이 없었다. 그런데 OO가 무언가를 한 것이다.

141

비경쟁 독서토론 중 두 번째 토론이었는데 OO가 속한 모둠에서 주인공이 다시 돌아온 이유가 이야기의 주제였다. 모두 나름대로의 이유를 말했지만 모두를 납득시킬 만한 것은 없었다. 그런데 평소처럼 아무말 하지 않고 가만히 앉아 있던 OO가 책을 쓱 내밀더니 "이 부분을 읽어보면 데이브(토론의 중심이 된 주인공)가 원래부터 헬렌(로봇)을 인간처럼 생각하고 있었다는 것을 알 수 있어"라고 얘기를 한 것이다. OO의 말이 결정적 열쇠가 되었다. 주인공은 로봇을 거부하고 있었던 것이 아니라 처음 보자마자 사랑에 빠졌던 것이고, 로봇을 사랑하게 되었다는 본인이 너무 싫어 오히려 로봇을 혐오하는 것처럼 행동을 한 것이다. 하지만 고향에 내려가 있는 동안 로봇을 잊지 못했고 로봇을 사랑하는 자신을 인정하고 다시 돌아와 로봇을 선택하게 된다는 이야기였다. OO의 한마디로 작품 여기저기에 흩어져 있던 소설적 장치들이 하나로 연결되었다.

그 얘기를 다른 반에서도 해 주었다. 모두가 소름 돋는다며 감탄을 하였는데, 그 시작이 OO로부터라고 이야기를 해 주니 아이들이 더 놀라워했다. 나는 헬렌 올로이를 마친 다음 OO를 불러 고맙다고 이야기를 해 주었다. 너의 이야기가 우리 공존 프로젝트의 하이라이트였고, 비경쟁 독서토론이 얼마나 좋은 활동인지를 모두가 알게 되었다고 이야기해 주었다. 가만히 얘기를 듣던 OO은 별말은 안 하고 돌아갔지만 전해지는 마음은 나도 느낄 수 있었다.

그 다음부터는 아무래도 그 반 수업을 할 때에는 더 OO에게 눈이 갔다. 함께 작품을 읽는 시간에는 무섭게 몰입하여 읽는 친구라는 것을 알게 되었고, 비경쟁 토론 때는 여전히 말은 없지만 묘한 표정으로 친구들의 이야기를 듣고 있었다. 소설을 정말 좋아하는 친구였다.

기억에 남는 장면 둘

수업이 끝났는데 몇몇 아이들이 떠나지 않고 한 친구에게 모여들었다. '경년'이라는 작품을 다 같이 읽은 뒤였는데 한 번 읽고서는 잘 이해가 되지 않았나 보다. '경년' 전문가 모둠의 한 친구를 찾아 가더니 이것저것 묻기 시작했다. 그랬더니 그 친구가 "아! 그거?" 그러면서 얘기를 하기 시작했다. 자기도 이해가 잘 가지 않아서 여러 번 읽었다는 것이다. 한 친구는 자기가 아는 얘기를 신이 나서 설명하고, 다른 친구는 그 이야기를 경청하고… 한참 동안 그 장면을 바라보다 사진으로 남겨 두었다. 고전 읽기 수업을 비경쟁 독서토론으로 하길 참 잘했다는 생각을 했다. 함께 배우고 성장하는 모습이 이 사진 한 장에 전부 담겨 있었다.

쉬는 시간 자발적으로 작품 이야기를 나누는 학생들

독서노트 및 전문가 발표

작품을 읽고 비경쟁 토론까지 끝나면 학생들은 학교에서 준 독서노트를 작성해야 한다. 보통 독서노트를 받아보면 상투적인 글들이 많았었는데 비경쟁토론 후에 아이들이 쓰는 글은 재미있는 내용들이 많았다. 토론 과정에서 있었던 신선한 질문들이 글쓰기 활동에 자극을 준 것 같았다.

그럼에도 불구하고 어떻게 글을 써야 할지 막막해 하는 친구들은 토론과정에 있었던 질문에 대한 생각을 정리해 보라고 했다. 일반적 독후감의 형식은 전혀 갖출 필요가 없고, 한 가지라도 자기 생각을 깊이 정리할 수 있으면 충분하다고 했다. 그래도 정 쓸 것이 없는 친구는 작품 속 마음에 드는 문장이라도 정리하라고 했다.

작품 읽기, 비경쟁토론, 독서노트까지는 모두가 함께 한 시간이다. 하지만 각 작품별로 전문가 모둠이 있다. 이 친구들은 그 작품에 대해서는 최소한 다른 친구들보다 고민을 많이 했다. 작품과 관련한 사회에 대해서도 공부하였고, 작가의 의도, 문장, 사건의 의미에 대해서도 훨씬 더 깊이 들여다 보았다. 개인별 활동 이후 전문가 모둠의 깊은 이야기를 듣는 것도 의미가 있었다. 무엇보다 토론 때는 다소 피상적으로 다루어졌던 사회의 모습이 훨씬 더 구체적으로 전해지는 것 같았고, 토론 때 나누었던 많은 이야기들이 한곳으로 모이는 느낌이었다.

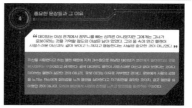

전문가 모둠의 발표 PPT 일부

서평쓰기

단계별 활동을 통해 작품에 대한 아이들의 생각이 훨씬 깊어졌을 거라고 생각했다. 그래서 최종 결과물은 서평을 작성하도록 했다. 분량은 A4 3쪽에 처음 중간 끝의 형식 중 5개의 문단으로 통일하도록 했다. 중간은 질문을 소제목으로 하고 거기에 자신의 생각을 정리하는 방식으로 쓰게 했는데, 질문이 생각이 나지 않을 경우 토론 과정에서 만든 질문, 또는 다른 모둠의 질문을 활용해도 좋다고 얘기했다. 처음에는 3쪽이라는 분량에 대해 아이들이 굉장히 부담스러워 했는데 주어진 형식에 맞추어서 쓰다 보니 그리 부담스러워하지 않는 것 같았다. 심지어 5쪽 6쪽을 제출하는 친구들도 많았다.

학생 서평 예시

| 들어가며

"당신은 무엇이 필요한 장애입니까?" 영국의 가이드라인에 따르면, #장애에 대해 질문할 때 '병명'이나 '상태'에 대해 묻지 않고, 위와 같이 묻게끔 명시되어 있다고 한다. 장애인들이 혹시나 기분 나쁘다고 느낄 수 있을 세심한 부분까지도 신경 쓴 것이다. 이 가이드라인을 보고 나는 꽤나 신선한 충격을 받았다. 그동안 또래 친구들에 비해 장애를 바라보는 시선이 나름 성숙하다고 생각해 왔는데, 어떻게 해야 최소한의 실례로 그들을 도울 수 있을지, 그들의 결함에 진정으로 공감할 수 있을지에 대해서는 구체적으로 생각해 본 적이 없기 때문이다. 불편해 보이는 사람이 있다면, 도와야 한다는 생각이 드는 대로 가서 실행하였고, 스스로에게 뿌듯해하며 이것이 '선'이라고 생각하곤 했다. 그들을 돕기 위해 간 것이었지만, 행동의 가치 판단은 철저히 내 감정 중심이었던 것이다.

우리가 사는 세상 또한 이렇다. "장애인을 배려해야 해." "장애인을 도와야 해." 하며 많은 선한 이야기와 도움들이 오고 가는 것이 사실이다. 그러나 가끔 우리는 장애인을 하나의 인격체가 아닌, 그저 챙겨 줘야 할 대상으로 여기며 #과잉_친절을 베푼다. "다리가 없어서 힘들죠?"와 같은 동정의 말을 하거나, 그들의 신체를 갑작스레 잡으면서, 그들에게 친절을 베풀고 있다는 것에 스스로 만족하는 착한 사람 콤플렉스에 빠지는 것이다. 시각 장애인 'A' 씨는 이에 대해 이렇게 얘기했다. "잡아서 도와주시려는 건 아는데, 평상시에는 괜찮지만 어느 날은 저를 잡는 게 너무 싫어요. 그럴 땐 부럭부럭 화가 나지만 그 화를 표현하면 저 하나 때문에 시각 장애인은 이상하다는 말이 나올까 봐 그냥 참고는 합니다." 선한 마음으로 한 행동일지라도, 그들에게는 우리의 친절이 부담으로 다가갈 수 있다. 그들은 장애를 명목으로 더 풍요로운 삶을 사는 것을 원하지 않기 때문이다. 그렇다면 이들이 진정 원하는 것은 무엇일까? 정용준의 떠떠떠, 떠라는 단편 소설을 읽고, 어쩌면 그것은 '장애를 가졌다는 이유로 특혜를 누릴 수 있는 권리'가 아닌, 신체적, 정신적 결함만을 보완해 줄 수 있는 '최소한의 배려'와, 그냥 평범한 '사람'으로서 인식하고 대해 주는 것이라는 생각이 들었다.

그들은 왜 서로의 장애를 보고만 있을까?

글 속의 사자로 표현되는 남성은 말을 더듬고, 판다로 표현되는 여성은 발작 증세가 있다. 쉽게 말해, 두 사람 다 장애를 갖고 있다는 것이다. 그러나 두 주인공 모두 장애를 치료하기 위해 노력하거나 극복하려는 모습을 보이지 않고, 서로의 존재 자체를 인정하며 남들과 다를 바 없이 사랑한다.

> "타인의 장애를 이해한다는 것이 가능한 일일까?
> 장애는 이해할 수 있는 게 아니야. 오직 확인만 가능할 뿐이지."
> — 『떠떠떠, 떠』 중에서

| 그들은 왜 서로의 장애를 보고만 있을까?

드라마나 영화 속에서 장애인을 묘사한 수많은 장면들과는 달랐다. 보통 장애가 있으면 온갖 시련을 다 겪고, 끝끝내 하나의 벽을 뛰어넘는 모습을 보여 주며 이러한 소재를 환상적으로 드러내곤 한다. 그러나 이 소설 속 주인공들의 모습은 달랐다. 오히려 판다는 사자에게 발작 증세를 보고만 있으라 하고, 사자는 그 말을 곧이곧대로 들으며 판다의 행동이 사랑스럽다는 표현까지 쓴다. 내가 드라마나 영화에서 봤던 모습과는 매우 달라서 처음에는 오히려 이 작품이 장애를 극적으로 드러냈다는 생각까지 들 정도였다.

그러나 "시각장애인끼리는 밥을 어떻게 먹을까?"라는 영상을 본 뒤, 이 소설 속의 모습이 현실에 더 가깝다는 것을 알게 되었다. 영상 속에서 두 시각장애인이 함께 식사를 하는 모습이 나오는데, 그들은 반찬을 먹어 보고 맞히거나, 무게로 어림잡아 물을 따르는 등 그들 나름의

147

방식대로 살아가고 있었다. 이런 일상의 장면들이 진심으로 즐겁고 소중해 보여 마음이 따스해지까지 했다. 사자와 판다를 통해 드러내고 싶었던 것이 이런 게 아니었을까? 애초에 "장애를 보고만 있다."라는 질문 자체가 성립하기 어렵다. 그들은 장애를 갖고 있지만 우리 주변에서 열심히 존재하는 있는 하나의 개체일 뿐이고, 그들 나름의 궤도에 맞춰 살아가고 있기 때문에 필요하지 않은 부분에서 우리가 개입하는 것이 더 이상한 일일 수 있다. 우리도 그들이 서로를 바라보는 것처럼 비장애인들 또한 장애인을 하나의 인간으로 인식하는 태도가 필요할 것이다.

> "너는 너이고 나는 나이지만, 그럼에도 불구하고 나는 너를
> 사랑해."
>
> — 떠떠떠, 떠 中

| 내가 장애인이라면 난 어느 정도의 편의를 원할까?

모든 것이 비장애인에게 맞춰진 세상 속에서, 신체적이고 정신적인 장애가 있는 이상 일상생활을 하며 분명히 불편한 순간이 찾아올 것이다. 그때 나는 과연 어느 정도의 편의를 원할까? 분명한 것은, 장애를 이유로 시혜적인 태도를 보이지는 않았을 것 같다는 것이다.

> "장애인으로 살아가는 것이 내 삶을 더 풍요롭게 만들 수 있
> 다는 낭만주의적 발언을 좋아하지 않는다."
>
> — 피부 관리와 실천적 지혜 中

작가는 피부 관리와 실천적 지혜라는 칼럼에서 위와 같이 말했다. 장애를 갖고 살아가는 것이 자신의 삶을 더 풍요롭게 만들 수 있다는 낭만주의적 발언을 좋아하지 않는다고. 또, 앞서 언급했던 시각 장애인 A씨 역시 과잉 친절이 불편하다는 언급을 했으며, 필자는 지하철역

에서 과잉 친절과 역차별에 대해 시위를 하고 있는 장애인들을 본 기억도 있다. 물론 장애인들마다 가진 생각과 관점의 차이가 있겠지만, 대부분의 장애인들은 과잉 친절을 오히려 불편해한다. 그렇다면 우리는 어느 정도의 편의를 제공해야 할까? 이에 대한 답을 찾기 위해, 내가 장애인이었다면 어느 정도의 편의를 원할 것인지에 대해 먼저 생각해 보았다. 상황마다 다르겠지만 나였다면 최대한 스스로의 힘으로 해결하려 노력해 보고, 그래도 안 되면 도움을 요청했을 것 같다. 어떤 일을 시도하려 할 때 필요 없는 혜택을 주거나 도움의 손길을 뻗는다면, 장애인들의 삶의 주체성은 떨어질 수밖에 없다. 또, 나 스스로도 충분히 할 수 있는데 지속적으로 도움을 주려 한다면, 그것이 동정으로 느껴져 마음이 무거워질 것 같다. 더 깊게 생각해 보면 사람들은 선한 의도에서 나오는 행동인데 동정으로 받아들이는 스스로에게 화도 날 것 같다. 따라서 우리가 장애인들과 더불어 살아가기 위해서는 그들에게 베푸는 과잉 친절과 배려를 잘 구분할 수 있어야 하는데, 이에 대한 답변을 다음 질문에서 더 풀어 보겠다.

| 우리는 장애인들을 어떻게 대해야 할까?

다원화된 사회 속에서 다양한 사람을 만나는 것은 너무나도 당연한 일이다. 장애인도 있을 수 있고, 동양인도 있을 수 있고, 종교인 또한 있을 수 있다. 우리는 이러한 다양한 특성을 가진 사람에 대해 어떤 태도를 지녀야 할까? 답은 간단하다. 모든 사람들의 다양성을 당연하게 볼 줄 아는 태도를 갖춰야 한다. 즉, 차이를 인정할 줄 아는 인식이 필요하다는 것이다. 그리고, 이와 더불어 그들 모두가 인권을 가진 하나의 인격체라는 생각으로 존중할 줄 아는 자세 또한 갖추면 좋다. 이게 무슨 말일까 싶다면 아래의 예시를 통해 쉽게 이해해 볼 수 있다.

"야 수영하러 가자!" 나는 갈 수 없지만 아무렇지 않은 척한다. 아이들은 우르르 밖을 빠져나간다. 나는 덩그러니 혼자남겨질 것만 같다. 그러나 이때에도 한 아이쯤은 이렇게 말한다. "야 난 안 갈래. 피부관리 해야 돼"

　　　　　　　　　　　　　　　　—『피부 관리와 실천적 지혜』 중에서

　모두가 장애 아동이 수영하러 갈 수 없다는 것을 알고 있다. 또, 누구든지 다른 놀이를 찾아보자고 할 수 있는 상황이었다. 그러나 이 상황 속에서 한 아이는 "○○이(장애 아동)는 수영을 못하잖아, 다른 걸 하자."라고 이야기하지 않고, 피부 관리를 하는 척하면서 슬쩍 빠진다. 딱 열 살 남짓한 아이가 생각하고 행동한 것이다. 어떻게 해야 타인의 자존심을 상하게 하지 않고 도움을 줄 수 있는지에 대해서 누구보다 잘 파악하고 있는 상태였다. 정말 이런 섬세함 속에도 '타고남'이라는 게 있는 걸까? 물론 그런 측면이 일정 부분 존재할 수도 있지만, 나는 후천적으로 생겨났을 확률이 크다고 본다. 이 말을 다시 생각해 보면 다양성을 인정하고 존중하는 태도를 갖추기 위해 후천적 환경이 매우 중요하다는 뜻이 된다.

　여기서 과잉 친절과 배려의 의미를 혼동하면 곤란하다. 과잉 친절은 도움이 필요하지 않은 상황에서 '지나친' 도움을 주려고 하는 행위를 의미하고, 배려는 장애인의 존재를 인정하는 동시에 그들과 더불어 살아가기 위해, 공존하기 위해 꼭 필요한 마음가짐이기 때문이다. 위 사례 속 한 아이는 친구의 장애를 인정하는 동시에 그의 마음을 헤아려 부담을 주지 않는 선에서 좋은 배려를 하고 있다고 볼 수 있다.

　그러나 장애를 가지고 살기 때문에 좋은 것이 아무것도 없는 것은 당연히 아니다. 그 중 하나는 바로 많은 사람 중 어떤 특별한 '한 사람'을 분별할 눈을 기르게 된다는 것이다. "

　　　　　　　　　　　　　　　　—『피부 관리와 실천적 지혜』 중에서

위에서 이야기하는 특별한 '한 사람'이 바로 앞서 언급한 태도를 갖춘 사람이 아닐까 싶다. 그저 칼럼 속 하나의 예시가 아니다. 우리 누구나 특별한 '한 사람'이 될 수 있다는 점을 정확히 인지해야 한다.

| 우리는 과연 어떻게 살아야 하는가?

과잉 친절을 불편해한다는 시각 장애인 'A' 씨의 이야기를 듣고, 초등학교 때 특수교육 대상자들을 모아 놓았던 사랑반의 생각이 났다. 특히 같은 반에 사랑반의 수정이라는 친구가 있었는데, 그 친구는 매 교시마다 사랑반에 가서 수업을 듣기 때문에 오히려 친구들과 멀어졌고 정규 수업에 적응하지 못하는 모습을 보였다. 예를 들어 비장애인 친구들은 수정이가 말을 더듬는 모습을 흉내내거나, 유심히 바라보았고, 게임이나 운동을 할 때 수정이의 능력을 낮게 봐 같은 팀을 대놓고 꺼려했다.

어렸을 때의 나는 그 친구가 사랑반에 가는 것이 더 낫다고 생각했던 것 같다. 신체적, 정신적 결함이 있는 만큼 1:1로 전문 교사의 수업을 들으면 그 결함을 훨씬 더 금방 극복할 수 있을 것이라고 생각했고, 친구들의 따돌림도 피할 수 있었기 때문이다. 그러나 지금의 내가 생각하는 것은 다르다. 애초에 장애는 극복하거나, 이겨내야 하는 존재가 아니라 그저 '상애'일 뿐이다. 예를 들어, 그들이 직업적 성취를 이뤘다면, 장애를 극복한 것이 아니고 남들과 같이 말 그대로의 직업적 성취를 이뤘다는 것을 의미한다는 것이다. 우리는 그들이 존재 자체만으로도 소중하고, 같은 인간이라는 것을 인식해야 한다. 그러나 내가 초등학교 때 겪었던 경험에 따르면, 무의식적으로 장애인은 챙겨야 하고, 우리와는 관련이 없는 존재로 여길 수밖에 없는 구조(분리교육)가 존재했던 것 같다. 주변에 잔잔히 존재하는 차별과 특혜들이 어렸을 때부터 장애인은 약자이며, 우리의 도움이 필요한 사람들이라고 교육받은 결과라고 할 수도 있다는 것이다. 그 의식을 그대로 갖고 크면 비장애인과 장애인이 격리되어 살아가는 사회가 만들어질 수밖에 없다.

> 내가 하고 싶은 욕심
> 내가 더 잘하는 걸 보여 주고
> 내가 더 으스대고 싶은 마음
>
> 그냥 효율성을 따져 좀 더 편하게
> 내가 다 해 버리고 싶은 마음
> … (중략)
> 나를 드러내기보다
> 내 친구에게 도움을 주는 마음
> 나의 잘남과 어떠함을 내세우기보다
> 친구를 세워 주고 돕는 것의 진정한 가치
> ── 『통합교육 그 안에 숨겨진 보물찾기』 중에서

이를 해결하기 위한 좋은 예시 중 하나가 바로 통합교육이다. 통합교육은 장애 아동을 일반학교에서 비장애 아동과 공학시키는 교육으로, 장애 아동들에 대한 편견과 선입견을 없애 줄 수 있는 교육 방식이다. 장애 아동과 비장애아동이 함께 지내며 서로의 존재를 확인하고, 알아갈 수 있는 계기가 마련되기 때문에 앞서 말했듯이 올바른 인식을 갖고 크도록 하는 데 좋은 밑거름이 될 수 있다. 이러한 통합교육을 통해 서로가 서로를 알아간다면 많은 이점이 존재할 수 있다. 장애 아동을 동일한 인격체로 보는 태도를 배울 수 있고, 과잉 친절과 동정은 삼가해야 한다는 것 또한 알 수 있으며 신기하다는 이유로 바라보는 것 또한 실례라는 것까지 알 수 있을 것이다.

더불어, 사회 역시 특별한 '사회'가 되는 것 또한 중요하다. 개인의 인식 개선만으로 장애인들의 삶의 질이 대폭 개선될 수가 있기는 하지만, 그들의 불편함을 극복해 주는 데는 한계가 있기 때문이다. 따라서 사회적인 측면에서도 그들의 신체적 정신적 결함의 불편함을 최소화시켜 주는 장애인 화장실이나 고층 건물의 엘리베이터 설치를 의무화

하고, 장애인들을 도와야 하는 존재로 인식하는 사람들의 인식 개선을 위해 장애 인식 개선 교육을 실시해야 하며 앞서 언급한 통합교육을 보편화해야 한다.

장애 아동과 비장애 아동이 존재 자체를 '인정'하며 올바른 인식을 갖춘다면, 장애 유무에 관계없이 모두가 공존할 수 있는 사회가 다가 올 수 있을 것이다. 이는 장애 유무에만 국한되는 것이 아니다. 통합교 육이 더욱 확대되어 안정화되면, 여러 인종과 종교 등에 적용해 보는 날까지도 기대해 볼 수가 있다. 우리는 장애인과 비장애인이 행복하게 공존하는 사회를 위해서 모두가 후천적으로도 장애를 얻을 수 있다는 점을 알아야 하고, 이 점을 고려해 어려서부터 장애를 나와 관계없는 '부족함'으로 보지 않고 하나의 '다름', 즉 #차이로 이해하는 있는 자세 가 꼭 필요할 것이다.

2부

꽃피우다
학교에서 지역으로, 독서토론의 미래

비경쟁 독서토론 방식으로 운영한 송면중의 북카페 4년

김명희

(용암중학교, 전 송면중학교)

우리도 해보자!!!

"초롱이네 도서관에서 보자아~~"

많은 이들의 언니이고 상담가이고 인도자이신 김영애 선생님께서 전화를 주셨다. 독서교육에 대하여 이야기하자고 그렇게 만난 선생님들이 '비경쟁 독서토론'이라는 열쇠를 든, 이름도 이쁜 '옹달샘'이 되어 아이들과 교사들과 모여 책을 읽고 토론을 했다. 많은 선생님이 매달 책 한 권을 미리 읽고 퇴근길에 모여 토론을 했다. 아이들도 1년에 한 번 교육청 주관 행사로 모여 함께 책을 읽고 작가와 대화를 나누었다.

'비경쟁 독서토론'이라는 명칭이 다소 자기 모순적이긴 하지만, 책을 읽고, 또는 생각을 나누는 방법으로 적확하고, 더구나 쉽게 익힐 수 있는 방법이어서 아주 유효했다. "저희는 잘 몰라요. 충북 선생님들 하고 싶은 대로 하세요." "충북 선생님들은 참 너무 대단하세요." 인사치레이겠거니 하다가도 정말 우리가 잘하고 있나? 하면서 저절로 힘이 나게 만드는 책 읽는사회문화재단의 이경근 이사님, 임광운 간사님의 극진한 칭찬은 옹달샘 선생님들의 열정을 춤추게 하였다. 시간도 안 가리고 전국 팔도 안 가는 곳 없이 돌아다니며 독서운동에 헌신하시는 그분들은 우리를 싱숭 시키기에 부족함이 없었다.

2016년 김해에서 진행되는 청소년들의 1박 2일 비경쟁 독서토론대회에 갔을 때의 충격이 지금도 생각난다. 이틀 동안 펼쳐지는 아이들의 열정, 진지함, 깊이에 내내 놀랐다. 나라를 걱정하고 경제를 고민하고 세계의 미래에 대하여 토론하였다. 그리고 책사회의 두 분과 함께 갔던 상주 내서중학교의 독서토론을 보고 너무 부러웠다. 방과 후 시내의 한 시민사회단체 사무실에 모여 펼치는 비경쟁 독서토론은 자유롭고 재미있었다. 아, 나도 저걸 한번 해 보아야겠다.

송면중 북카페 사용설명서

다음 해에 송면중학교로 이동을 하고 행복씨앗학교 일을 하게 되면서 북카페라는 명칭으로 비경쟁 독서토론을 4년간 매달 운영하였다.

3학년 국어 수업을 하면서 당시 교과서 수록 작품인 '운수 좋은 날' 전문을 읽고 아이들에게 소감을 쓰라고 했다. 아이들은 귀찮아 하면서 한두 줄 적었다. 다음으로 질문을 만들자고 하면서 모둠 활동을 두어 번 순환시켰다. 그러고 나서 다시 소감을 적으라고 했다. 다다다다다……. 많은 아이들이 순식간에 대여섯 배 이상의 분량으로 글을 써내려 갔다. 아이들에게 두 개의 소감을 비교해 보라고 하였다. 이렇게 생각을 나누고 질문을 하고 토론하니까 생각이 깊어지고 많아진 거야라고 말하며 이런 형식이 '비경쟁 독서토론'이라고 말해 주었다. 아이들이 신기해 했다.

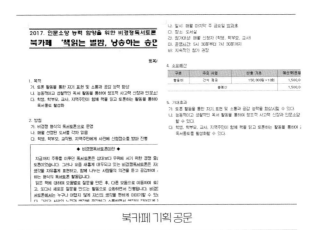

북카페 기획 공문

북카페 안내 가정통신문

그렇게 맛보기 활동을 한 후에 『비경쟁 독서토론 북카페 '책읽는 별밤, 낭송하는 송면』 3월 가정통신문을 내면서 송면중학교에서의 비경쟁 독서토론을 펼쳤다.

『꽃들에게 희망을』을 시작으로 매달 책 한 권을 정하여 읽고 학교 일과 후에 도서실에 모여 이야기를 나누었다. 어떤 때는 그림책을 스캔하여 하기도 하고, 짧은 소설책은 복사하여 배부하면서 "교육용이니까"라며 범법(?)의 무거움을 에써 외면하기도 하였다.

한 학기에 한두 번 정도는 참가 신청을 미리 받아 책을 사서 준 후 읽어 오도록 하였다. 이경근 이사님께 책 추천을 자주 부탁드렸다. 초등 옹달샘들께 부탁하여 좋은 그림책을 살짝 빌리기도 하고, 독서교육 이벤트 소식을 들으면 날짜를 계속 체크하고 있다가 냅다 들어가 작가와의 만남을 신청하기도 하였다. 교사들 연수 자리에서 만난 작가에게 애걸복걸 부탁하여 청주에서도 한 시간이 걸리는 산골에 3시간 넘어 달려오시게 하였다. 저녁 드실 시간도 없이 달려가시는 작가님께 묵 한 봉지를 황급히

들려드리기도 하였다. 위안부 할머니들의 수요집회 참석을 앞두고는 위안부 할머니들의 이야기를 담은 『꽃반지, 평화의 소녀상 이야기』를 읽고 토론하기도 하였다.

아이들은 우리가 읽은 책이 어디에 나오기라도 하면 그예 들고 와서 자랑(?)을 했다. 그리고 책 추천을 할 때 북카페에서 했던 책을 많이 이야기하였다.

학생, 교사뿐만 아니라 학부모, 마을 분들도 참여하시도록 열어 두었다. 어떤 때는 학생의 동생이 참여하여 언니, 오빠들에게 말참견하며 재미를 더했고, 풋살장에 놀러 온 초등학교 꼬마들도 저녁 간식 시간에 컵라면 한 그릇을 맛있게 먹었다.

동생도 함께

마을공부방 수녀님도 함께

몇 차례 진행하다 보니, 꾸준히 참석해 주시는 부모님들도 생기기 시작했다. 괴산 읍내에 나가셨다가 부랴부랴 오시기도 하고, 어둑어둑 일 마치고서 늦게라도 함께 해 주시겠다며 피곤한 몸 털썩 의자에 주저앉으시는 모습이 느껴질 때는 그 감동과 감사를 이루 말할 수 없었다. 전교생 20여 명 남짓한 규모라서 어른 한 분, 두 분 함께 해 주시는 것이 나에게도 그렇고 아이들에게도 엄청난 지지가 되고 이야기에 활기를 불어넣었다. 유승준 선생님과 최윤정 선생님도 궂은 일 함께 거들어 주시며 꾸준히 참석해 주셨다.

첫해에는 마을 공부방이 운영되던 시기여서 북카페 일정 즈음에는, 마을 공부방을 운영하시는 수녀님께 양해 말씀을 드려 그날은 아이들이 북카페에 참여하도록 하였다. 수녀님도 한두 번 함께 해 주셔서 온화한 말씀으로 아이들을 북돋워 주셨다.

아래 글은 신입생 어머니께서 북카페 참여소감을 학교신문에 투고해 주신 글이다.

꽃들 속에 있으니 나도 저절로 꽃이 되네.~?!

학부모 김은희 님

작년에 무수히 들었던 북카페, 북카페, 북카페… 남녀노소 할 것 없이 슬맹이골 주민 누구나, 같은 책을 읽고, 한 공간에 모여, 서로 자기들의 이야기를 나눈다?!! 이 얼마나 이상적인가? 듣기만 해도 황홀했던 기억.

허나, 단 한 번도 참석하지 못했던 나. 드디어 아들 덕분에 북카페에 발을 들여놓았다. 30여 년 만에 다시 읽은, 괴산도서관에서 빌린 『수난이대』를 옆구리에 끼고……

도서관 문 앞에 대롱대롱 매달려 있던 아이들의 시가 먼저 눈에 들어왔다. 혼자 피식피식 웃으며 하나하나 읽다 보니 도서관 문 앞에 다다르던 걸. 안에서 아이들이 여기저기 삼삼오오 모여 웃고 떠들며 간식을 먹고 있었다.

첫 느낌은……어수선하고 정신없지만 나름의 역할과 규칙이 흐름 대로 움직이는 공간이란 생각이 들었다. 그 흐름이 눈에 들어오고, 나도 거기에 맞춰 자연스럽게 움직였을 때쯤…….

아~ 여기는 아이들이 재고, 눈치 보고, 머뭇거리는 곳이 아니구나. 그냥 다~ 받아들여지는, 말이 안 되는 것이 말이 되는 수용의 공간이란 생각이 들었다.

그 공간에 함께 묶여 같은 시간을 보냈던 나에게는 작년에 무성했던 소문의 진상을 확인할 수 있었던 시간, 생기발랄, 푸릇푸릇한 중딩들 속에 파묻혀 나도 마치 중딩인 양 (말투, 표정, 행동 전부 다~) 빠져들었던 시간, 아이들의 웃음소리와 재잘대는 소리에 새삼 내가 늙었다고 느꼈던 시간, 현재와 과거를 훌쩍훌쩍 넘나들었던 시간이었다.

마치고 돌아오는 길. 도서관 앞 빨래 줄에 대롱대롱 매달려 있던 아이들의 삶이 묻어난(ㅍㅎㅎㅎ) 시가 생각나, 나의 중딩 시절이 생각나 한참을 미소 지었다. 눈가에 주름이 가든 말든.

이야기하랴, 웃으랴, 간식 먹으랴, 챙기랴, 정리하랴 복잡하고 정신 없는 가운데서도 나름의 규칙과 흐름 대로 움직여지고 있다는 걸 느끼니 아이들이 대견했다.

　　　　　　　　　　　　　　　－ 솔맹이 신문 2019년 봄호 6면

마을에서도 송면중학교 북카페에 대한 이야기들을 하신다는 게 너무 감사했다. 어수선하지만 자유롭게 누구의 이야기라도 받아들여지기를 바라는 비경쟁 독서토론의 모습이 잘 구현되고 있나보다 하고 기뻤다.

사실, 북카페가 진행되는 모습은 정말 어수선하다. 간식 먹기 전까지 삼사십 분 짬나는 시간에 풋살장에서 뛰다가 달려온 아이들, 모처럼 학년 구분 없이 모여 앉은 아이들은 컵라면 먹으랴 장난하랴 다 못 읽은 책, 마저 읽으랴 비좁은 도서실은 아이들의 활기로 천정까지 팽팽해진다.

| 아이들을 이끌어 주시는 부모님들, 선생님들 | 학생들의 북카페 진행 |

갓 입학하여 처음 북카페에 참석한 혜진이가 발표했다. "우리 언니가 북카페 가는 요령을 말 해줬어요." "응? 어떻게 하래?" "컵라면 먹고 튀래요." 아이들이 한 명이라도 더 참여했으면 싶어서 이리 꼬시고 저리 꼬시고 하지만 나는 아이들이 간식만 먹고 튀어도, 참석하지 않는 친구, 동생에게 컵라면을 공수해도 괜찮다고 생각했다. 나는 북카페가 진지하고 엄숙한 활동이기보다는 송면중학교 아이들의 작은 문화 활동으로 자리 잡기를 비랐다. 성적에 들어가지도 않는데 아이들이 한 달에 한 번 같은 책을 읽고 학년 구분 없이 수다 떨면서 이야기 나누고, 아 너는 그렇게 생각하는구나, 저 친구는 저런 생각을 했네 하면서 서로 공감대를 넓혀 가는 편안한 자리이기를 바랐다. 시간 없으면 간식만 먹고 튀어도, 엄마가 늦어서 동생 저녁이 마땅치 않으면 데리고 와서 같이 구경만 해도, 그것도 아이들에게 좋은 문화 활동거리가 될 것이라고 생각했다.

게다가 부모님들, 마을 어르신들, 선생님들이 어렵게 시간 내주셔서 아이들의 이야기를 세심하게 들어 주고 은근슬쩍 깊이 있게 이끌어 주시면 아이들은 성큼성큼 자랐다.

4절지에 이야기 나눈 내용을 간단히 적고 질문을 적어 발표하라고 하는데 대부분은 질문지라기보다는 낙서장에 가까웠다. 토론하고 질문 만들면서도 연신 왔다 갔다 장난에 낙서에 이 아이들이 정말 성장할까 싶다가도, 아이들이 자기 모둠의 토론과 질문을 공유하는 시간이 되면 휴우~ 안심이 되었다. 장난처럼 시작하는 아이들이 태반이지만 그러면서 점점 책에 집중하고 작가에 대하여 생각해 보고 자기에 대하여 고민하며 질문들을 만들어 내는 것이 아주 대견했다. 그리고 친구의 발표를 들으면서, 선배들의 농담 섞인 이야기 속에서도 자기들끼리 서로 배우는 것이 보여 정말 신통했다. 수업 시간에는 다소 주눅들어 있던 수섭이가 한껏 감성이 묻어나는 의젓한 소년 시인으로서의 면모를 보여 주던 빛나는 눈빛, 그 친구를 아낌없이 우러러 봐주는 아이들의 표정도 너무 이뻤다.

아이들은 졸업하면서 "선생님, 북카페 계속하실 거죠? 꼭 금요일에 하셔야 돼요!!" 새끼손가락을 내밀었다. 송면에는 고등학교가 없어 다들 외지로 진학해야 하는데 아이들이 일주일 만에 들어오는 금요일에 북카페를 해야 자기들이 올 수 있다는 거다. 학기 초에는 고등학교에 간 선배들이 북카페를 많이 찾았다. 느지감치 도서실 문을 열고 들어서는 선배들을 맞이하느라 토론은 수시로 멈추어진다. 선배들은 컵라면을 먹으며 심사위원 분위기로 멀찌감치 앉아 후배들을 참견하다가 이내 자기들끼리 고등학교 이야기를 나누느라 더 정신이 없다. 갑자기 낯선 곳에 가서 느꼈을 아이들의 외로움과 두려움이 이렇게 어루만져지기도 하는구나 생각하며 짠하기도 했다. 북카페가 졸업한 아이들에게도 동네 사랑방 같은 곳이었으면 좋겠다는 소망이 추가되었다.

함께 엮어가는 북카페, 그리고 나의 길벗들

두어 달 북카페를 진행했는데, 사려 깊고 애교 만점인 이가람이 살짝 다가와 말을 건넸다. "선생니이이임~~ 저, 북카페 사회, 제가 보면 안 될까요?" 와이 낫!!!!

나는 아이들이 더 잘하게 하려고 충고하고 조언하면서 급하게 이끌어 가려고 하는데, 가람이는 아이들이 토론하는 모둠에 가서 "어머나", "그 러셨군요" 두 손을 모아 감탄하며 이야기를 들어 주었다. 가람이가 사회를 봐주니 나는 여유가 생겼다. 북카페 사진을 찍고 너무 떠드는 아이들을 살짝 탄압(?)도 할 수 있었다. 그렇게 아이들이 참여하고 이끄는 북카페가 되어갔다. 어떤 때는 사회보는 친구가 진행을 잘 못하기도 하고, 자기 장난하기 바빠서 어수선해지기도 하였다. 책에 대한 이야기를 충분히 이끌어내지 못 해서 어떻게 하지? 너무 엉성한 북카페가 되면 어쩌지 순간순간 갈등도 많았지만, 어쩌다 깊이 없이 진행된 북카페 때문에 생기는 속상함보다는 북카페 진행해 본 아이가 갖는 경험이 더 크고 소중하리라 생각하며 아이들의 시간을 믿었다.

아이들이 준비하고 이끄는 북카페

나의 길동무들

2년 차부터는 북카페 준비팀을 모집했다. 처음에는 지원자가 너무 많아 학기별로 뽑기도 하였다. 준비팀은 책을 정하고, 참가 신청을 받아 인원을 파악하고, 북카페 간식을 준비하였다. 당일 사회는 준비팀에서 돌아가면서 보도록 하였고, 간식 펼쳐놓기와 뒷정리 등을 같이 하였다. 송면에서는 간식을 준비하기가 어려워서 괴산에 나가서 준비를 했다. 처음에는 내가 청주에서 장을 봐 갔는데 준비팀을 꾸리고 보니, 아이들이 준비를 하는 것도 공부가 되겠다 싶었다. 북카페 전날 퇴근길에 아이들을 데리고 괴산에 나가 북카페 간식 준비를 하였다. 간식이래야 컵라면, 김밥, 과일 조금이지만 아이들이 어떤 걸 살까 상의하고 고르게 하였다. 한 달에 한 번이라고는 해도 내가 해야 하는 행복씨앗학교 관련 활동들과 아이들이 해내야 하는 다른 과제들을 생각해 보면 쉽지 않은 과정이었다. 차라리 전날 퇴근길에 내가 후루룩 사서 다음날 펼쳐놓으면 쉬울 것 같기도 했다. 아이들도 일이 생기면 퐁당퐁당 못 가기도 했다. 그래도 간식 준비를 마치고 먹는 우리들의 군것질이 이쁜 추억이 되기를 바라면서 아이들과 열심히 괴산의 마트를 드나들었다. 선주, 한봄이, 윤서, 은파, 송이, 산이가 꾸준히 간식준비를 함께 한 길동무들이다. 이 녀석들과는 하도 붙어 다녀서 때로는 딸처럼 때로는 친구처럼 느껴지기도 했다. 졸업하고도 온라인 수업한다고 모여 볶음밥 만들고 색색 과일 예쁘게 담아 품에 안고 와서 나를 감동시킨 아이들이다.

송면중에서 행복씨앗학교를 운영하면서 학생자치에 가장 공을 들였다. 아이들은 학교에 대한, 자신에 대한 자존감이 굉장히 높고 자치 활동에 대한 요구와 참여도가 굉장히 높다. 달마다 아이들이 하고 싶은 활동을 정하고 스스로 운영하는데, 특히 4월이면 유승준 선생님께서 길을 터주신 '생명존중기간'으로 운영하면서 자기들끼리 운영팀을 구성하여 다양한 프로그램을 기획하고 진행한다. 이런 학생 자치 활동 중에서 아이들이 토론대회를 자주 하고 싶어 해서 의아했다. 2년 차부터 아이들은 경쟁토론, 비경쟁토론으로 분류하여 진행을 하였다. 경쟁토론은 찬반으로 나누어서 진행하고 비경쟁토론은 각자 자신이 조사하고 분석해온 내용을 자유롭게 토론하며 진행했다. 송면중 아이들이 비경쟁 독서토론을 하나의 분류로 생각하며 활동 프로그램을 짠다는 것도 신기하고 고마웠다.

이쁜 별궤적들

방학 중에는 독서캠프를 운영하였다. 2년 차에는 학교 내부 공사 때문에 여기저기 작은 도서관을 섭외하다가 낭성의 봄눈 자연생태 도서관에서 1박 2일 독서캠프를 하였다. 더운 여름이라고 시작한 물총놀이로 자그마한 도서관은 한바탕 난리를 치렀다. 삼겹살을 구워먹는다고 가로등 밑에서 모둠마다 잔치가 벌어졌다. 삼겹살 냄새, 아이들의 웃음소리, 위문차 방문해 주신 학부모님들의 웃음까지 밤하늘에 가득했다. 잠도 없는 아이들을 어르고 달래며 무박 2일의 캠프를 마쳤다. 영수증을 빠뜨린 게 있어서 도서관에 다시 들르게 되었는데 마침 우리 뒤에 바로 들어온 간디고등학교의 캠프가 진행되고 있다고 했다. 너무 조용해서 "어디에서요?" 했더니 관장님이 우리가 활동하던 장소를 조용히 가르키시면서 들릴락 말락 작은 소리로 "원래는 이렇게 조용하게 해요."라고 말해 주셨다.

독서캠프 안내 가정통신문

3년 차 여름에는 학교에서 1박 2일 캠프를 하였다. 엄희진 님 섭외로 그림책 작가님도 모시고, 물놀이 계획도 한껏 해 놓은 터라 잔뜩 꿈에 부풀어 있었다. 그런데 하루 전에 끝난 장마에 계곡물이 불어서 위험할 것 같다는 연락이 왔다. 감영이 아버님께 물놀이에 대하여 상의를 드렸다. 그랬더니 하루 종일 이곳저곳 다니시면서 아이들 놀기 좋은, 외지 사람들은 없는 안성맞춤 계곡을 소개해 주셔서 아주 재미있게 놀았다.

한 해의 마지막 북카페에서는 시낭송대회를 했다. 한 해 동안 자신이 썼던 시 중에서 마음에 드는 시를, 또는 친구 이름을 제비뽑아 그 친구의 시 중에서 마음에 드는 시를 낭송하며 한 해를 마감했다. 처음에는 분위기 잡는다고 향초도 켜놓고 했는데 시를 읽으려니 힘들어서 촛불 어둑한 낭만보다는 전깃불 환한 소통을 택하게 되었다.

4년 차에는 이러저러한 사정으로 행복씨앗학교 업무를 내려놓게 되었다. 모두 그만두어야지 하고서도 차마 그만두지 못한 것이 북카페였다. 표시는 당장 안 나도 아이들에게 가장 밑거름이 되는 것이라고 생각해서였다. 학교에서 하지 않고 학부모님들이 공동으로 운영하는 마을 공부방에서 하면 되겠다 싶었다. 꿈터 대표이신 엄희진 님과 중등부 선생님이신 김은희 님께 상의드려 운영위원회의 허락을 받았다. 그렇게 4년 차에는 외인부대로서의 북카페를 운영하였다. 물 끓이는 것, 물품 등은 다소 설었지만, 아이들에게나 나에게나 학교 이상으로 편한 공간이어서 무리 없이 이어갈 수 있었다. 마침 마을에 귀촌하여 들어오신 젊은 작가를 모시고 재능기부와 도서기부 형식으로 작가와의 대화를 하는 행운을 얻기도 하였다. 김은진 님과 김민지 님이 자주 괴산에서 따끈따끈한 간식을 공수해 주셔서 아이들의 큰 기쁨이 되었다.

송면으로 귀촌하신 임희선 작가님과의 대화

마을 공부방 꿈터에서의 북카페

숲속작은책방에서의 북카페

4년 차에는 아무래도 외인부대처럼 활동하다 보니 책을 사서 보거나 비용을 쓰는 게 만만치 않았다. 그러던 어느 날 친한 후배와 대화하던 중에 우리 학교 신문인 『솔맹이 신문』에서 주제독서 이야기를 읽고 너무 감동했다는 이야기를 들었다. 매 학기마다 아이들이 주제를 정하여 관련된 책을 한 학기 동안 2~3권 읽고 그에 대한 글을 정리하고 자료로 만들어 발표를 하게 했다. 2015 교육과정에서의 '한 학기 한 권 읽기'를 어떻게 할까 고민하다가 운영하게 된 독서교육 활동이다. 이걸 아이들이 책임감을 느끼게 하려고(?) 매번 학교 신문에 실어 주었다. 그런데 다른 학교에서 이걸 가지고 아이들에게 어떻게 독서교육을 해 주어야 할 것인지 토론을 했다고 해서 너무 놀랐다.

주제독서는 교사인 내게도 엄청난 감동과 성장을 안겨준 활동이다.

선주나 예윤이, 민채 같은 아이들은 3년 정도 경험이 쌓이니 이제는 대학생 아이들 소논문처럼 척척 자료를 만들어 발표하고, 매일 늦게 내던 태균이가 제일 먼저 발표를 하였다. 모든 아이가 한 뼘씩 쑥쑥 자라는 것이 느껴졌다. 저희들끼리도 그런 평가와 조언들을 나누었다. 특수교육을 받는 인희가 나와 몇 달 간 읽은 그림책에 대해서 천천히 꼼꼼히 이야기할 때, 나는 내내 울기만 했다. 그런 이야기를 들은 후배가 도와줄 일 없냐고 했다. 예전에는 아이들과 같은 책을 구입해서 읽고 이야기 나누었는데 이해에는 예산 없이 하다 보니 그런 활동이 아쉽다고 말했다. 그 후배가 있는 독서동아리의 활동비로 책을 사줄 수 있겠다는 말을 듣고 얼마나 기뻤는지……. 나는 인터넷으로 사는 것보다 주변의 작은 도서관에서 하고 싶었다. 그래서 그 달에는 숲속 작은 책방에서 북카페를 진행하면서 아이들에게 책을 사줄 수 있었다.

순간의 판단 오류로 독서교육 사례를 정리하겠다고 하고는 내내 후회했다. 단순히 독서교육, 북카페, 비경쟁 독서토론이 아니라 내가 송면중에서 지낸 모든 시간들과 촘촘히 엮인 활동들이었고 나의 시리고 빛나는 추억이기 때문에 정리를 한다는 것이 너무 어려웠다. 마감 시간에 쫓겨 그야말로 수박 겉핥기보다 못한 정리를 하면서 속상하기도 하지만 그나마 이렇게라도 정리하게 된 것이 조금은 다행이라는 생각을 하게 되었다.

마침 아이들에게 수업 평가받으면서 받아 놓았던 북카페 활동에 대한 평가가 있어 몇 개를 싣는다. 그리고 열성적으로 참석해 주셨던 분들 중에 신선교 님, 김은진 님의 소감도 받아서 올린다.

모든 분들께 감사드린다. 특히 사랑하는 나의 송면중 아이들, 생각할 때마다 뭉클하고 그리운 나의 아이들에게 깊은 감사를 드린다.

북카페에 대한 소감

▷ **학생들 소감**

※ 수업평가 항목 중 하나로 무기명으로 받은 거라 아이들 이름을 몰라 그냥 소감만 싣는다.

- 책 읽기를 하면서 공감하는 능력과 책에 대한 생각을 많이 하는 것 같다.
- 북카페를 통해서 한 달에 한 권씩이라도 책을 읽을 수 있어서 좋았구여. 질문을 정하고 답을 하는 과정을 통하여 저의 생각을 더욱 깊이 발달시킬 수 있었구여. 스카이캐슬에서도 북카페와 비슷하게 하는 게 있어서 놀랐는데요. 거기서는 자신의 생각 몇 번 말하고 끝나는데, 저희 같은 경우엔 여럿이서 돌아다니기도 하고, 여러 질문 중에서 자기 입맛에 맞는 것을 골라가는 재미도 있었고. 아무튼 북카페라는 자체가 엄청 소중했던 경험인 거 같아요.
- 책을 읽고 꼬리를 달면서 생각해 보니까 책이 조금은 더 재미있어지고 계속 생각하게 되었다. (따로 혼자서 책을 읽을 때 엇, 그래서 어케 됐을까 왜 그럴까 등등 북카페 놀이를 함.)
- 책의 내용에 대해 더 생각하게 되었다. 사람들과 같이 책에 대해 이야기를 나누는 것이 너무 좋았다.
- 다 같이 얘기 나누고 생각 듣는 것, 여러 책을 접한 것, 간식
- 혼자 책을 읽는 것이 아닌 다 같이 책을 읽고 작가분과도 만나며 스토리 작가라는 직업에 한 발 더 다가감.
- 떨지 않고 얘기할 수 있고 책도 점점 빨리 읽혀지는 것 같다.
- 자신감을 많이 얻은 것 같고 서로의 생각을 이야기하는 것이 좋았다. 그리고 부모님도 함께 오셔서 좀 더 많은 분위기를 조성할 수 있었던 것 같다.
- 다같이 모여서 토의를 하고 발표를 하고 책을 읽고 하는 게 쉽게 하기 힘든 건데 좋은 경험을 했고 앞으로도 할 수 있다는 게 행복

하고 다른 사람들의 좋은 의견들을 듣고 같이 생각할 수 있어서 재밌고 좋다.

- 책을 읽고 다 함께 나눌 수 있어서 좋았다. 또 책의 작가와도 만나 이야기할 수 있는 기회가 소중했다. 생각을 할 수 있었던 기회였다.
- 책의 내용을 읽으면서 계속 왜라는 질문을 던질 수 있어서 좋았고 여러 사람의 의견도 들을 수 있어서 좋았다.
- 책을 읽게 되었고 책에 대해 더 깊게 생각할 수 있었다.
- 준비위원을 하면서 책을 선정할 때 좋은 작품들을 많이 읽게 되어 좋았다.
- 학생, 학부모, 교사가 모여 한 책에 대해 질문을 던지고 이야기하다 보니 혼자 책을 읽을 때보다 생각이 풍부해졌다.
- 질문을 통해 내가 이야기의 구성원이 되어 상상해볼 수 있었던 게 재미있었다.
- 책에 대해 다시 한번 생각할 수 있는 기회가 생겨서 좋았고 더 깊이 생각할 수 있게 되어서 재밌었다.
- 많은 책을 읽고 자신의 생각을 나누는 시간이 있어서 좋았고 소중했다.
- 사람들과 소통

▷ **학부모님 소감**

- 북카페에 가서 아이들의 생각을 듣는 게 재밌었다. 처음에는 "좋았어요" "재밌어요" 단문으로 표현하던 아이들이 횟수가 갈수록 단문이 장문으로 바뀌어 간다. 그 이야기를 듣는 재미가 크다. 어떤 책은 나의 청소년기에 읽었던 책도 있어 나이 들어 보니 느낌과 내용이 다르게 보이기도 했다. 아이들과 토론하다 보면 새로운 해석을 듣게 되기도 하고 요즘 아이들의 생각하는 바를 알게 돼 이해하는 시간이 되기도 했다. 진행방식이 누구든 이야기를 하게 되고, 사소하거나 엉뚱해도 발표를 하니 해석이 다양해졌

다. 이런 토론을 1년, 2년 계속 하다보니 아이들이 생각을 정돈해서 이야기하는 모습에서 성장을 보게 돼 기뻤다. 내게는 재미나고 의미 있는 북카페였다. (신선교 님)

- "북카페가 뭐야? 거기서 뭐하는 건데"

"책을 하나 정해서 그 책에 대해서 이야기하는 거야. 엄마도 올래?"

매달 마지막 금요일 저녁이면 선주는 북카페를 하고 온다며 늦었고, 배불리 간식도 먹었다며 저녁도 먹지 않았다.

이사 와서 집 짓고 시골살이에 적응하느라 바쁜 시절도 지났고. 슬슬 여유가 생기니, 부모도 함께 한다는 북카페에 가 볼 마음이 생겼다.

처음 가 본 북카페를 잊을 수가 없다.

4~5명씩 모둠으로 앉은 아이들과 책에 대해 이야기를 나누는데. 누워있는 녀석, 굴러다니는 녀석, 삐약 삐약, 재잘 재잘……. 여러 개의 목소리가 뒤엉켜 공간에 가득 차 있었다. 어떤 녀석은 발표할 종이에 빼곡하게 온갖 캐릭터를 그려 놓아, 정작 발표 내용은 보기 힘들 정도였다. 귀도 아프고 정신 사나웠다. 뭐지? 나는 무언가 조용하고 단정한 분위기에서 책에 대한 소감을 나눌 거라고 상상했었는데 '지나치게 자유로운' 분위기라 생각했다.

그런데 그 속에 들어가서 보니 그 '지나치게 자유로운' 분위기 속에서 아이들은 책에 대한 질문을 던지고, 생각하고, 또 다른 질문을 던지고, 생각하고, 의견을 모아서 발표를 하고 있었다. 질문의 내용이나 답이 기발해서 혼자 감탄을 했다.

어떻게 저런 게 궁금하지? 아! 저 생각 참 재밌다. 역시 아이들의 생각은 굳지 않았어. 내 생각이 틀에 박혀 있는 거구나.

그리고 나니 알아졌다.

'지나치게 자유로운' 것이 아니었다. 그 또한 내 고정관념이었다. 자유로운 분위기여서 본인의 생각을 편하고 자유롭게 꺼내 놓을 수 있었다는 걸. 내가 상상한 단정하고 조용한 분위기였다면 꺼내 놓은 생각 역시 단정하기만 했을 것이란 걸.

그리고 또 인상적이었던 것은 선생님이었다. 선생님은 뒤에서 행사를 지도하고 감독할 거라고 생각했었는데 국어 선생님은 아이들과 한 조가 되어서 같이 생각하고, 의견을 나누고, 때때로 아이들 장난도 받아주고 있었다. 선생님이 눈높이를 맞춰주고 편하게 해 주시니 아이들이 위축되지 않고 당당히 자기 의견을 내는구나. 덕분에 당당하게 자라나고 있었다 우리 아이들이.

그 이후 북카페는 긴장하지 않고 참석할 수 있었다. 무게 잡는 자리가 아니고, 아이들의 재미난 생각을 듣고, 나도 편히 내 생각을 내놓기만 하면 되니 말이다.

북카페를 몇 번 참석하니 전교생 이름이 자동으로 외워졌다. 대충 어떤 아이인지도 알게 되었다. 걷는 모습, 입은 옷만 봐도 누군지 알아보게 되었다. 아이들 한 명 한 명이 머리에 새겨졌다.

그리고 나니 선주와 학교 생활에 대해 이야기하는 게 수월해졌다.

그리고 학교가 더 가깝게 느껴졌다. (김은진 님)

영동 비경쟁 독서토론
한마당을 준비하며

김기훈

(추풍령중학교)

2020년 잃은 것들, 그리고 용기를 내다

영동 평화인권 독서토론 한마당을 열지 못하게 되었다. 추풍령에 처음 왔을 때, 열정과 선한 마음으로 학생들과 함께 독서토론 행사를 운영하시는 선생님들을 만났다. 영동 노근리 양민학살의 현장에서 평화의 씨앗을 뿌리고 있는 노근리평화재단에서 든든한 뒷배 역할을 맡았다. 꽤 운이 좋게 추풍령중학교도 함께 참여했다. 1년에 4회 이상 여러 학교 학생들과 교사가 만나 함께 책을 읽으며 토론을 했었고 영원해도 좋을, 영원해야 할 행사로 느껴지기까지 했다.

하지만 코로나19가 모든 걸 바꾸었다. 여럿이 모여 책을 읽고 토론을 하는 일이 어려워지면서 행사를 취소했다. 예산도 사라졌다. 학교 안에서 어떻게 배움을 만들까 고민을 하느라 영동 전부를 신경 쓰는 건 사치처럼 느껴졌다. 그런데 충북 청소년 비경쟁 독서토론 한마당이 온라인으로 성공적으로 치러지면서 조금 생각이 달라졌다. 코로나19로 온라인 수업 경험치가 쌓인 선생님들이, 조금만 힘과 용기를 내어서도 가능한 영역을 집단 지성으로 개척해냈다. 온라인 비경쟁 독서토론을 영동에서도 해볼 수 있을까? 괜히 일을 만드는 건 아닐까! 이런 고민을 하게 되었디.

충북 청소년 비경쟁 독서토론 한마당 진행을 마무리할 때 내가 토론을 지원했던 모둠의 참가 후기가 패들렛에 실시간으로 올라오는 걸 보면서 느꼈던 감동이 아직 남아 있을 때였다. 이 좋은 걸 안 할 이유가 뭐가 있이. 그렇게 약간 과장된 간정으로 용기를 내어 일은 시작되었다.

새로운 시작, 준비 과정

이런 멋진(?) 일을 혼자 할 수는 없지. 함께 기획을 할 선생님을 모셨다. 충북 비경쟁 독서토론을 함께 진행했던 박슬기 선생님(학산중)과 일을 시작했다. 함께 지난 행사를 준비했었기 때문에 수월하게 준비와 진행 과정을 논의했고 추진할 수 있었다. 독서, 영화, 드라마 등에 관한 스몰토크가 꽤 도움이 된 것 같다. 비슷한 취향을 확인하고 나니 책을 정하고 일을 추진하는 게 좀 더 수월해졌다. 사족달기: 우린 JTBC 드라마 〈멜로가 체질〉을 즐겨 보았다는 공통점이 있었다. 그 드라마는 시청률이 2%를 넘지 못하고 엄청난 대사량으로 소설을 읽는 듯한 느낌을 주었다. 이 드라마를 좋아하는 사람 치고 나쁜 사람(?)을 보지 못했다며 마음을 모았다.

책을 정하면서 고민이 많았다. 마침 천선란 작가의 SF 『천 개의 파랑』에 완전히 마음을 뺏긴 상황이었다. 『천 개의 파랑』은 소수를 위한 기술 진보, 인간에 의해 착취당하는 동물, 환경 오염, 장애 인권 등 가볍지 않은 주제를 따뜻하고 아름답게 그려낸 책이고 이미 추풍령중학교 도서부 학생들과도 읽으며 검증받은 책이었다. 유일한 단점은 장편 소설이라는 점. 그래서 천선란 작가의 단편 소설집 『어떤 물질의 사랑』을 대안으로 생각했다. 준비단 선생님과 책을 읽고 기초 토론을 했는데, 소수자, 다양성, 퀴어 등을 주로 다루고 있는 이 책의 주제가 지금 시대에 꼭 필요한 질문을 던지고 있으나 첫 책으로 하기에는 조금 과하겠다는 결론을 내렸다. 그래서 『천 개의 파랑』으로 주제 도서를 정했고 사전에 독서 모임을 할 수 있도록 일찍이 책을 주문했다. 충북 행사 때 충북교육도서관에서 간식 꾸러미를 보내준 게 아주 좋았다. 영동 행사를 준비하면서도 비슷한 길을 걸었다. 책과 간식 꾸러미를 참가 학교로 직접 배송했다.

영동교육지원청 장학사께서 많이 도움을 주셨다. 여러 학교가 연합 행사를 하면서 학생 출결, 학교생활기록부 기록 등 소소한 문제들이 생겼는데 영동교육지원청에서 이런 문제를 해결할 수 있도록 도와주셨다. 참가 학생 모집, 행사 운영에 관한 공문을 영동 지역 모든 학교에 발송했고 이후에도 지원과 격려를 아끼지 않으셨다. 이를 근거로 참가 학생들은 학교생활기록부에 참가 사실도 기록할 수 있었다.

학교에서는 전체 선생님들께 전체 쪽지를 날려 영동 온라인 청소년 비경쟁 독서토론 한마당 소식을 알리고 참가 학생은 수업에 빠지게 됨을 미리 알렸다. 참가 학생들에게 격려도 해달라고 말씀드렸다. 온라인 행사라 학교도서관에 모이게 되고 학교 안에 있지만 수업에 참여하지 않는 학생이 있어 이 사실을 미리 알리지 않으면 곤란한 일이 생길 수 있기 때문이다. 한편 코로나19 시절에도 이런 모임이 가능하다는 것을 알려서 선생님의 상상력(수업 영역)을 자극할 수 있겠다 싶었다. 무엇보다, 이 좋은 것을, 함께 책 읽는 일이 즐겁다는 것을 알리고 싶었다.

영동의 4개 중학교와 1개 고등학교, 30명의 학생들이 참가 신청을 했다. 참가 학교 지도 선생님들과 상의 후 6명, 5개 모둠으로 토론을 진행하기로 했다. 토론 진행은 충북 행사와 마찬가지로 학생들이 직접 하는 것으로 했고 미리 모둠지기 모집을 부탁드렸다. 5명의 모둠지기 학생들과 준비단이 모여 두 차례 사전 토의를 진행했다. 토론 진행 기술에 대해 공유를 하는 일만큼이나 책에 관한 비경쟁 토론을 해 보는 일이 중요하다고 생각한다. 주제 도서에 대해 깊게 사유한 모둠지기가 토론을 더 깊게 끌고 갈 수 있지 않겠는가. 그동안 우리는 사전 모임을 중요하지 않게 생각하거나 진행 기술에 관한 논의만 했던 것 같다. 사소한 듯 보여도 중요한 일이니 앞으로도 잊지 말아야겠다.

책을 읽은 참가 학생들이 질문을 남길 수 있도록 온라인 질문창(패들렛 활용)을 열었다. 사전에 받은 질문은 작가에게 주소를 보내 사전에 확인하고 준비해볼 수 있게 했다. 한편 온라인으로 운영되는 행사다 보니 작가와 사전에 협의가 필요하다고 생각했다. 문자나 전화 통화로 간단하게 사전 조율을 할 수도 있었는데, 작가와의 만남을 학생과 함께 진행하기로 한 김에 협의도 제대로 해 보기로 했다. 온라인 회의 공간(줌)에서 만나기로 작가와 약속을 정했고 학생 사회자와 함께 만났다. 사회를 맡기로 한 학생은 사전 토론을 할 때 가장 인상적인 문장을 말해 보라는 질문에 '책 전체가 아름다운 문장으로 가득 차 있어 어떤 문장도 고를 수 없다'며 고통을 호소했을 정도로 책과 작가에게 푹 빠져 있었다. 교사, 학생 사회자 모두 팬의 마음으로 일종의 사심 협의회를 연 셈인데, 특히 학생 사회자에게 특별한 경험이었을 것이다. 좋아하는 작가와 소수 모임으로 만나 대화를 나누는 일이 흔한 경험인가. 이런 경험을 씨앗으로 책 읽는 좋은 어른으로 성장할 수 있게 되면 좋겠다.

각 학교마다 사전 모임을 진행했다. 코로나19로 각 학교마다 학사 일정이 많이 바뀌어 시험 기간과 가깝게 행사 날짜를 잡을 수밖에 없었기 때문에 책을 읽고 토론할 시간이 넉넉하지 않았을 것 같다. 그래도 지도 선생님들께 사전 토론을 꼭 부탁드렸다. 사전 토론을 한 것과 안 한 것의 차이가 크다는 것을 경험을 통해서 알고 있기 때문이다. 모둠지기 모임도 마지막으로 열어 준비 상황을 확인했다. 준비가 다 끝났다. 드디어 제1회 영동 청소년 온라인 비경쟁 독서토론 한마당이 열린다. 설레는 마음이 막 나댄다.

온라인 비경쟁 독서토론 한마당이 열리다

전체 사회는 준비단 박슬기 선생님(학산중), 작가와의 만남 사회는 나와 김하림 학생(추풍령중)이 맡기로 했다. 전체 행사가 진행되는 동안 나는 지원을 했다. 박슬기 선생님과는 충북 행사와 반대되는 역할을 맡아 서로를 도왔는데, 이미 행사의 흐름을 경험했고 심지어 서로에게 뭐가 필요한지 잘 알고 있어서 편했다.

정해진 시간에 온라인 회의실(줌)에 모였다. 행사 순서를 안내하고 공동체 놀이를 했다. 간단한 놀이 몇 개로 학생들의 마음이 풀리는 게 신기했다. 공동체 놀이 후에는 각 소회의실로 이동을 했고 토론이 시작되었다. 지도 선생님들도 메인 스테이션에 모여서 주제 도서에 관한 토론을 했다. 선생님들도 참여하실 수 있도록 간단한 프로그램을 준비하면 더욱 좋다. 읽고, 사유하고 대화하고 쓰는 고전적인 일은 생각보다 훨씬 힘이 센 일이라서 선생님들이 방황하시지 않도록 대화의 물꼬만 열어 놓으면 기분 좋게 대화에 참여하실 거라 믿는다. 가끔 모둠지기가 연결이 끊겨서 접속에 어려움 겪는 일이 있는데, 그때만 메인 스테이션에 있던 지도교사 중 한 명이 들어가서 부 모둠지기가 대화를 진행하도록 해 두고 나오면 된다. 사전에 이런 일이 발생할 수 있음을 알리고 부 모둠지기를 미리 뽑아두면 갑작스러운 상황에 대처하기가 좋다. 각 모둠에서 질문 하나씩을 만들어 패들렛에 올리고 나면 다시 메인 스테이션에 모이도록 한다. 하나둘 상기된 얼굴의 학생들의 얼굴이 화면에 뜨기 시작한다. 꽤 즐거운 표정들이다.

대화가 잘 진행되고 있는지 크게 걱정을 하지 않아도 된다. 조금의 차이는 있어노 대부분 상황에 맞게 잘 참여하고 있다. 사전에 모둠지기 교육을 잘 해 두었으니 그 학생들을 믿어보기로 한다. 모둠지기 카톡방에서

181

적절하게 격려를 해 주고 어려움이 있다면 카톡방에 도움을 청해달라고 이야기를 해 두면 된다.

각 모둠에서 만들어 패들렛에 올린 질문을 보면 각 모둠에서 나눈 이야기들이 조금 짐작이 된다. 이렇게 만나지 않았으면 세상에 나오지 않았을 '생각들'을 보면서 조금 울컥하기도 한다. 한 차례 모둠 토론이 끝난 후에 모둠지기들의 간단한 발표를 듣고 다음 소회의실로 이동한다. 패들렛에 올라온 첫 번째 질문을 보고 가장 마음에 드는 방으로 들어가는 방식이다. 한쪽으로 학생들이 쏠리면 조금 조정해야 한다. 정중하게 방을 이동할 학생이 있는지 확인하고 부탁한다. 정 조정이 안 되면 가위바위보라도 해서 너무 참가자가 적은 방이 없도록 조정하면 된다.

모둠 토론이 모두 끝나고 참가 후기를 패들렛으로 받았다. 실시간으로 올라오는 후기들을 읽으면서 또 감동을 받았다. 이렇게 선한 순간이 또 있을까. 어찌 보면 무용한 일을 기꺼이 하고, 그것도 모자라 서로를 응원하고 어루만지는 말과 말들. 아마 이 순간이 고마워서 앞으로도 계속 행사를 준비하고 있을 것 같다는 생각이 들었다. 몇몇 후기들을 옮겨 본다.

모둠 토론 후기

이번 토론을 하고 보니 나와 다른 사람들의 생각이 서로 달라서 더 많은 다른 생각을 할 수 있었고, 많은 사람들의 소감을 들어보니 정말 다양한 생각들이 나와서 좋았다. 이 책을 읽고 나서 약간 헷갈리는 것도 의문인 것도 있었는데, 다른 사람들의 의견을 모으고 모아서 들어보니 더 큰 생각을 할 수 있게 된 것 같다. 다음에 또 하고 싶다.

— 강동원(학산중)

처음 이 책을 받고 이 토론의 공지를 받았을 땐 상당히 재미 없을 줄 알았다. 그런데 이 책을 처음 읽었을 때 신기하게도 이 책 속 내용이 머릿속에 자연스레 그려지기 시작했다. 초반 부문만 보고 느끼고 생각해도 이 책이 얼마나 대단한 책인지 느낄 수 있었다. 또한 토론에 첨들어와 말을 꺼냈을 땐 모두가 어색하고 부담스러워 보였다. 나 또한. 그렇지만 계속 대화해 보고 다른 이들의 생각을 생각해 보고, 내가 몰랐던, 생각하지 못했던 너무 다양한 생각이 있어서 내 생각과 남의 생각을 공유하는 시간이어서 재밌었다. 생각 외로.

— 박건영(새너울중)

모둠지기를 맡았다. 모둠지기를 맡으며 책을 더 뜯어 읽게 되었고 생각하며 읽게 되었다. 또한 토론을 하며 내가 짚고 넘어가지 못했던 장면들을 짚어 주는 좋은 모둠원들 덕분에 책을 더 많이 흡수할 수 있었다. 좋은 경험이었다. 함께 해 주셔서 감사합니다! 3조, 재밌었어요:)

— 신민서(추풍령중)

이번 토론에서도 나와 다른 생각을 가진 사람들과 이야기를 나누면서 또 한걸음 나아간 것 같습니다. 전혀 상상치 못하였던 얘기들이 있어 새로웠고 나와 같은 생각의 이야기들에겐 공감이 되어 또 즐거웠습니다. 참가하길 잘했단 생각도 들고 토론 내내 정말 즐겁고 흥미로운 마음으로 참가했습니다. 사람들과 이야기를 듣고 나누기 바빠 지루하단 생각은 하지도 못했습니다. 다음에 또 이런 기회가 있다면 꼭 참가하고 싶습니다.

— 이지효(추풍령중)

중학교 때 기훈 샘과 함께 책을 읽고 대화하면서 책은 혼자 읽는 것보다 함께 대화를 했을 때 더 성장할 수 있다는 것을 알게 되었습니다. 그래서 비경쟁 독서토론이나 수업 시간 토론에 열심히 참여하였습니다. 고등학교에 와서 비경쟁 독서토론이 다시 열린다고 해서 1초의 망설임도 없이 신청하게 되었는데, 정말 후회 없는 선택이 된 것 같습니다. 자유롭게, 책 속으로 더 파고들 수 있는 시간이었습니다. 좋은 시간 마련해 주셔서 정말 감사합니다! 4조에 오신 분들과 정말 좋고, 많은 얘기를 나눌 수 있어서 즐거웠습니다! 남은 일정 잘 마무리하고 기회가 된다면 온라인이 아닌 오프라인으로 만나뵙고 싶습니다^^

— 윤현지(황간고)

비경쟁 독서토론이라는 건 처음 해봤는데 생각보다 재밌었어요. 책도 재밌었고요. 서로의 의견을 나누고 얘기하는 게 재밌었습니다!

— 최윤슬(영동중)

천선란 작가와의 만남을 시작했다. 사전에 받은 질문과 현장에서 받은 질문들을 잘 섞어서 대화를 나눴다. 교사 사회자와 학생 사회자가 적절하게 역할을 나눠 진행했는데, 서로 제 역할을 충분히 하니 진행에 여유가 생겨서 편했다. 학생 사회자가 차분하게 잘 진행해줘서 정말 든든했다. 한편 먼 거리를 단숨에 연결하여 작가와 실시간으로 대화를 나눌 수 있어 좋았다. 물론 얼굴을 직접 보고 대화를 나누는 것보다는 감동은 덜했지만, 실시간으로 작가를 만날 수 있다는 것이 참 매력적이었다. 심지어 학생들의 질문은 얼마나 깊고 멋진지. 함께 읽는 즐거움을 만끽할 수 있는 시간이었다. 질문 일부를 옮겨 본다.

천선란 작가와의 만남 질문

- '인간적이다'의 정의는 무엇일까요?
- 휴머노이드로 인해 실직한 인간이랑 휴머노이드는 공존할 수 있는가?
- 콜리처럼 완전 사람 같은 인공지능이 나오면 그것을 보통의 기계처럼 취급하는 것이 과연 옳을까?
- 로봇을 사람 취급하는 것은 옳은가?
- 미래, 인공지능과 인간이 사랑할 수 있을까.
- (생존확률) 3%의 가능성이 있다면, 어떤 선택을 할 것인가요?

  (이 소설에는 생존확률 3%인 구조 대상자를 포기하라는 로봇의 조언에도 위험을 무릅쓰고 구하는 소방대원이 나온다.)
- 다시 태어나고 싶으신가요? 다시 태어난다고 하면 무엇으로 태어나고 싶으신가요?
- 작가님은 우리 사회에 어느 부분을 '빠르다'고 생각하시는지 궁금합니다.
- 외롭다는 게 어떤 의미일까요? 사전적 의미로 '외롭다'를 정의할 수 있을까요?
- 소설을 읽다보면 인간에 대한 따스한 신뢰가 느껴집니다. 소설에 등장하는 인물들이 성격 등에 관한 모티브는 어디서 얻으셨나요?
- 한 인물의 시점에서 이야기가 전개되는 것이 아니라, 각각의 인물의 시점에서 상황을 바라보고 각 인물에게 일어난 일이 따로 나타나서 인상적이었습니다. 이렇게 구성하신 이유가 있나요?

더 따스한 마음을 지닌 다정한 인간으로 살아가자는 천선란 작가의 마음이 고스란히 전달되었다. 함께 해 주셨던 선생님들도, 아, 좋았다, 여러 번 말씀하셨다. 코로나19 시절에 희망의 씨앗을 심은 느낌. 잘 읽고, 잘 생각하고, 잘 대화하고, 잘 배웠습니다. 가장 잔혹한 시절에 가장 아름답게 만나서 반가웠습니다:)

나를 통해서 일어난 '어떤 일'을 생각하며.

> 61쪽. 그가 이런 말을 할 때마다 내 가슴에 발그스름한 사랑이 새순처럼 뾰쪽 고개를 내민다.
>
> 67쪽. 이들의 모습에서는 투명한 숲 냄새가 난다. 아무것도 가릴 게 없는 투명한 기쁨으로 충만한 부드럽고 따뜻한 냄새가 난다. 여기서는 아무도 춥거나 외롭지 않다. 카카포를 사랑하는 것은 행복한 일이다. 우리도 이런 일에 기쁨을 느낄 수 있다면 좋은 것이다. 그렇게 된다면 세상의 기쁨이 얼마나 무궁무진하게 많아질까?
>
> 88쪽. 나를 통해서 어떤 일인가가 일어났다… 작가는 무슨 일인가 일어나게 만드는 매개체에 지나지 않는 듯하다는 생각을 구체적으로 하기 시작했다.
>
> — 정혜윤, '앞으로 올 사랑' 중에서

영동 비경쟁 독서토론 한마당에서 마주한 말과 몸짓들을 떠올리면 정혜윤 작가의 말처럼 '발그스름한 사랑이 새순처럼 뾰쪽 고개를 내'미는 게 느껴지고 투명한 숲 냄새가 난다. 책을 좋아하는 마음과 책을 비경쟁의 방식으로 읽는 무용한 일로 세상에 맞서겠다는 다짐을 한 몇몇을 통해서 일어난 '어떤 일'이 참 멋스럽다. 아마 이 좋은 일이 금방 끝나지 않을 것 같다. 영동교육도서관에서 연락이 왔다. 2021년에는 영동교육도서관과 함께 행사를 해 보자고, 지원이 가능하다고. 또 '어떤 일'이 더해지고 있다. 반갑고 기쁘게, 코로나19 시절에도 봄은 오듯이.

영동 학부모 비경쟁 독서토론 모임 인터뷰

대상: 갈마루공부방 교사 신상범
진행: 추풍령중 교사 김기훈

1. 모임 이름이 무엇일까요? 모임의 첫 시작을 책읽는사회문화재단 이경근 이사와 함께 했다고 들었는데요, 만들어진 과정에 대해서도 알려주셔요.

   모임 이름은 하늘바람입니다. 학부모님들 중에 '하늘'과 '바람'을 말씀하신 분이 계셨는데 두 분의 의견을 합쳤는데 나름 말하기도, 듣기에도 괜찮아서 그렇게 정했어요. 처음에 영동교육지원청에서 진행한 학부모 아카데미에서 책읽는사회문화재단 이경근 이사님이 비경쟁 독서토론 연수를 듣게 되었습니다. 예닐곱 분의 학부모님이 함께 들었던 것 같아요. 비경쟁토론 연수를 듣고 나서 자연스럽게 모임이 만들어졌다고 할까요? 한 달에 한번 하는 모임에 이경근 이사님도 멀리 영동까지 내려와 주셨지요.

2. 모임은 어떤 식으로 운영이 되나요? 책 선정, 토론 방법 등에 대해서 알려주셔요.

2019년 비경쟁토론 연수 후 동아리 모임을 만들었어요. 주로 이경근 이사님이 추천하신 책을 같이 읽었습니다. 2020년에도 이사님의 비경쟁토론연수를 듣고 모임을 시작했어요. 2020년 도에는 회원분들의 추천을 받아서 책을 선정했습니다. 토론 방법은 비경쟁 연수를 충실히 따라서 했지요. 그 전에 월드토론을 해 본 적이 있어서 낯설지는 않았습니다. 학부모님들은 거의 어머님들이라, 책의 내용과 삶의 사연들이 날실과 씨실처럼 서로 얽혀 끝도 없는 이야기를 풀어냈던 것 같아요. 진행자가 시간 통제를 해야했지요. 정제되지는 않아도 서로의 삶의 이야기들을 들으며 공감하고 나누는 시간이에요.

3. 모임에서 읽은 책 중 가장 기억에 남는 책, 모임을 운영하면서 겪은 일 중 가장 기억에 남는 일에 대해서 말씀해 주셔요.

가장 기억에 남는 책은…어마무시하게 두꺼웠던 『총.균.쇠』입니다. 아마 이런 기회 아니면 절대 읽지 않을 책이라 이 책을 선정한 것 같습니다. 책을 받아보고 책의 두께에 할 말을 잃은 분들이 책 표지만 보고 있다가, 그래도 회원분들이 서로 응원해가며 읽어 왔더랬어요. 모임 중에는 특히 코로나19 시기라 균에 대한 얘기를 많이 했어요. 그렇게 또 연결이 되더라구요.

가장 기억에 남는 일은… 2020년 마지막 모임을 하며 내년 모임 지속여부에 대한 의견을 물었을 때 다들 하고 싶다고 하셨던 게 가장 기억에 남습니다. 사실 좁은 동네 영동에서 지속되기 어려울 거라 예단하고 있었던 것 같아요. 좀 놀랐어요. 아, 그리고 책읽는사회문화재단에서 학부모독서동아리지원사업이 있었는데 선정된 것도 있네요.

4. 혹시 모임을 하시면서 모임 운영이 어려웠던 점은 없으셨나요? 그 위기를 어떻게 극복하셨을까요?

모임이 만들어진지 얼마 되지 않아 큰 어려움은 없어요. 큰 어려움이 생길까봐 긴장되긴 해요. 모임이 해체된다든가 하는… 열심히 해봐야죠. 영동 동화읽는어른모임을 지속시키고 있듯이 이 모임도 지속해야죠. 가늘고 길게 하는 게 목표입니다.

5. 김현 평론가는 "문학은 써먹을 데가 없어 무용하기 때문에 유용한 것이다. 모든 유용한 것은 그 유용성 때문에 인간을 억압하지만, 문학은 무용하므로 인간을 억압하지 않는다. 그 대신 억압에 대해 생각하게 만든다"고 하셨습니다. 무용한 독서에 관심을 기울이는 일을 하시는 이유가 무엇이신가요? 독서를 어떻게 생각하시는지 알려주세요.

독서에 대한 모토가 있어요. '독서는 공감이고 그래서 평화다' 독서를 하며 우리는 작가와 그리고 더 크게는 자신과 공감해요. 그리고 책을 읽은 사람과 이야기를 나누며 서로에 공감하죠. 공감은 화음을 만들어 내고 평화가 됩니다. 아, 『열두 발자국』에서 읽은 얘기도 생각나네요. 사람은 놀이를 하며 몰입하고 놀이를 통해 창의가 나온다고 합니다. 놀이는 수익을 창출하지 않습니다. 정말 무용한 행위죠.

6. 갈마루 공부방의 독서 프로그램에 대해서 간단히 소개해 주셔요.

기본적으로 독서교실이 중심에 있고 확산되고 심화된 프로그램들이 있어요. 일상의 확대를 위해 매일 '15분 책 읽기'를 합니다. 말 그대로 매일 15분 책 읽기를 하고 단 '한 줄 소감'을 적습니다. 시간도 짧고 소감도 짧아 아이들의 저항이 없습니다. 그런데 소감은 두세 줄 나올 때가 있지요. 또 창의적이구요. 1, 2학년 아이들에게는 그림책을 자주 읽어줍니다. 3, 4학년 아이들은 어도연의 '동화동무씨동무'와 연계하여 동화책을 읽어줍니다. 말 그대로 전체를 읽어줘요. 그리고 발문을 통해 이야기를 나눕니다. 5,6학년 아이들과는 비경쟁토론을 하고 글도 씁니다.

중학생이 되면 마을 중학생들을 모아 청소년독서모임을 합니다. 아이들이 만든 발문을 가지고 비경쟁토론을 하고 그 속에서 나온 쟁점이 되는 주제로 찬반토론도 합니다. 그리고 주어지는 논제로 글을 쓰지요. 센터를 졸업한 아이들이 생기다보니 그 아이들을 위한 독서 프로그램도 만들었어요. 대학생독서모임이지요. 한 달에 한 권 책을 읽고 독서모임을 합니다. 주로 제가 논제문을 만들어 토론을 진행합니다. 아이들이 전국에 있어서 줌으로 만나고 있어요. 조만간 마을 학교 어른들과의 독서모임도 만들고 싶습니다.

7. 앞으로의 바람이 있으시다면요?

우리 지역에 책 읽는 문화가 정착되기를 바랍니다. 얼마 전, 영동교육도서관 관장님과 얘기를 나눌 기회가 있었는데 정말 애쓰시고 계시더군요. 독서 관련 프로그램을 개설해도 신청이 없어 폐강되는 경우가 허다하다고 합니다. 너무 반응이 없어 놀라기도 하고… 독서모임들이 잘 뿌리를 내려 영동군에 독서문화를 심어줄 수 있도록 노력하겠습니다.

메모

함께, 성장하다
교육공동체가 함께하며 성장하는
비경쟁 독서토론 동아리 운영 사례

염정애
(단양교육지원청)

학부모는 학교의 한 주체

학부모와 함께하는 동아리를 만든 이유

2016년부터 뜻을 함께하는 교사들과 만나 이야기를 나누다 보니 교사 독서동아리에 가입해서 활동하거나, 학생 독서동아리 실제 운영 사례를 자주 접하게 되었다. 그때까지 연구회나 동아리를 실제로 만들어 운영해 보거나 활동해 본 경험이 없던 나로서는 관심사가 비슷한 교사들과 나눈 지식과 경험의 공유는 크나큰 배움이었다.

때마침 2017년의 3월 교사독서연구회 세상질문 모임에서 지인 선생님의 학생 독서동아리 사례가 매우 인상 깊게 다가왔다. 송면중 김명희 선생님은 저녁 시간 동안 학생들과 함께 학교 북카페에서 간식을 함께 나누어 먹고, 한 권의 책을 읽는 시간을 매달 가질 계획이라고 하셨다. 선생님은 학생들에 대한 열정과 사랑이 가득 차, 늘 생각에 머물러 있지 않고 실천하는 교사라 새 학기가 시작된 지 얼마 되지 않았는데도 이미 한 번의 만남을 가졌고 학생들의 뜨거운 반응을 읽고 계셨다. 그 이야기를 들으며 '우리 학교에서 이 활동들을 적용시켜 학부모, 학생, 교사가 함께하는 동아리를 만들어 보면 어떨까?'라는 생각이 번뜩 들었다. 학부모, 학생, 교사가 함께하는 동아리를 운영하고 싶은 용기와 도전의식은 독서 모임인 세상질문에서의 3월 정보 나눔에서 시작되었고, 지난 세월, 교사로서 학생만 만나던 삶에서 학부모라는 영역까지 넓히는 혁명과도 같은 경험을 안겨주었다.

학부모와 나란히 걷기

학생·교사·학부모를 흔히 교육 3주체라고 이야기한다. 요즘 사회의 변화, 가족의 변화 속에서 미래 학교교육의 모습과 교육 혁신을 추구하는 정책에서 학부모의 위상과 역할은 매우 커지고 있다. 실상 학부모는 학부모회, 학교교육모니터링, 교육기부, 학부모교육, 봉사활동 등과 같은 학교교육활동에 절대 빠져서는 안 되는 중요한 역할을 담당하고 있지만, 교육참여를 수동적으로 보는 경향이 있다. 또한 교사들은 학부모를 만나지만, 소통하는 일이 쉽지만은 않은 상황이다. 이런 가운데 먼저 선행되어야 할 것은 교육현장에서 학부모를 교육의 한 주체자로 여기고 서로를 따뜻한 시선으로 바라보고 이해하고 소통하는 과정이 아닐까 한다.

서로를 좀 더 편하게 바라보며, 학부모의 학교참여를 자연스럽게 이끄는 방안 중 하나가 '함께 책 읽기'라고 생각한다. 함께 책 읽기는 다른 사람의 다양한 관점과 생각을 공유할 수 있는 경험을 가짐으로써 열린 마음으로 세상과 소통하게 된다. 학생, 학부모, 교사가 한 권의 책을 읽고 함께 이야기를 나누며 학교와 교육 문제까지 나눌 수 있는 독서 모임을 만든다면 학부모의 학교참여를 자발적이면서 적극적으로 끌어낼 수 있다.

동아리 성공적 운영 방안

계획 세우기

지금껏 동아리 업무를 맡아본 경험이 전무후무했던 나는 그간 들었던 모범적 선례들을 모델링하여 계획을 세우기 시작했다. 그러나 나에게 있어 학생과 학부모가 함께하는 동아리를 만들어 운영한다는 것은 무모한 도전이기도 했다. '쇠뿔도 단김에 빼라'라는 말이 있듯이 학부모와 자녀가 함께 모여 책을 읽고 이야기를 나누는 행위 자체에 의미를 담고 일단 시작부터 했다. 지난 2년 간의 동아리 활동을 한 학교는 충북 괴산에 위치하였으며 학생 수가 60명 이하로 3개의 학교가 통폐합한 전형적인 농산촌 학교이다. 학생 대부분이 학교 버스로 통학하고 있고, 정규교육과정과 방과후학교 프로그램이 끝난 후에는 사교육을 받는 학생이 극히 드물다. 학부모들도 대부분 맞벌이 가정으로 교육문화 시설이 부족하여 학년 말 교육계획 수립 설문지를 받아보면 다양한 문화적 체험 기회와 교육적 경험을 제공해 달라는 의견이 많았다.

학부모, 학생이 함께하는 동아리를 기획할 때 가장 크게 다가왔던 고민은 '관심이 적어 참여율이 저조하면 어떡하지?'였다. 그래서 참여율을 높이고자 어머니뿐만 아니라 아버지들에게도 기회를 제공하면 좋겠다고 생각했다. 퇴근 시간인 저녁 시간(저녁 6시 30분~ 8시 30분)을 택했고, 더 많은 참여를 끌어내기 위해 금요일을 택했다.

새로운 교육 활동 프로그램을 기획할 때는 교육과정 수립을 위해 지역사회와 학교, 학부모, 학생 실태를 분석한 학교교육과정을 꼼꼼히 읽어보고 교육수요자가 꼭 필요한 교육 콘텐츠를 만들면 좋다. 일단 프로그램이 꼼꼼하게 기획되기만 한다면 실행에서 나타나는 난관을 최소화할 수 있기 때문이다. 2017년에는 맡은 업무가 진로담당이어서 독서담당 교사에게 함께 동아리를 만들어 보자며 제안해 보았는데 흔쾌히 허락하게 되면서 진로독서동아리 형태로 만들어지게 되었다.

2017년은 가정통신문에 비경쟁 독서토론이라는 단어를 매우 강조해서 여기 들어오면 부모가 책도 읽고 자녀도 책을 읽어 교육에 도움 된다고 홍보하였다. 또한, 어떤 주제와 활동으로 모일지 1년의 계획을 가정통신문에 꼼꼼하게 담았다. 첫해에는 진로담당이라 진로독서동아리를 만들어 꿈과 연관시키는 계획서를 만들었다. 매달 1권의 책을 읽고 만나는 형태는 비슷하지만, 매번 같은 방식으로 비경쟁 독서토론만 한다면 초등학생의 집중력에 한계가 있으므로 지역 작가와의 만남, 1박 2일 인문 캠프, 송년 모임 등과 같은 특별한 행사를 추가하여 재미와 다양성을 추구하였다.

계획 변형시키기

교사의 담당업무는 매년 바뀔 수 있고, 독서담당은 아니더라도 비경쟁 독서토론 동아리는 얼마든지 만들 수 있다. 가장 필요한 역량은 교사의 의지, 열정이다. 2018년은 행복교육지구(일종 혁신교육지구)담당이 되면서 마을연구동아리로 계획을 변형시켰다. 충북에서 2017년부터 행해지고 있는 행복교육지구 사업은 교육청·지자체·지역사회가 서로 협력하여 지역 특색에 맞는 교육을 통해 지역 전체의 교육력을 높이고 정주 여건을 강화하는 사업이다. 마을연구동아리는 괴산증평교육지원청의 공모사업으로 교육 3주체가 지역소멸 위기에 있는 괴산이라는 마을을 좀 더 이해하고 발전시킬 수 있는 방향에서의 마을연구동아리로 공모하여 운영했다. 마을연구동아리는 살기 좋은 마을을 만들기 위해 마을에 대한 견문을 넓히고, 교육공동체가 함께할 수 있는 일을 찾아보며 실천하는 일에 목적을 두었다. 두 번째 해에는 회원들이 지난해에 독서를 통해 이미 즐거운 경험을 느껴 보았기 때문에 신규회원이 더 늘었고, 만족도는 더 높아졌다.

2017. '맛있는 책빵' 진로독서동아리 활동 내용

회	활동일	주제	주제도서	활동 내용
1	4/21	'첫 모임 꾸리기' 질문하며 산다는 것	『첫 번째 질문』 (오사다 히로시, 천개의 바람)	올 한해 진로독서동아리 계획 나누기 동아리 이름, 회장, 총무 선정 모임규칙 만들기 비경쟁식 독서토론 방법 알기 그림책 '첫 번째 질문' 읽고 독서토론 하기 소감 나누기
2	5/19	실수하며 산다는 것	『틀려도 괜찮아』 (마키타신지, 토토북)	그림책 '틀려도 괜찮아' 읽고 독서토론 하기 소감 나누기
3	6/23	평범하게 산다는 것	『일수의 탄생』 (유은실, 비룡소)	'일수의 탄생' 읽고 독서토론 하기 소감 나누기
4	7/21	즐겁게 산다는 것	『길거리 가수 새미』 (찰스키핑, 사계절)	그림책 '길거리 가수 새미' 읽고 독서토론 하기 소감 나누기
5	8/18	지역 작가와의 만남	『시간을 파는 상점』 "김선영" 작가와의 만남	작가와의 만남 및 작가의 삶 이해하기
6	9/22 ~23	'1박 2일 인문 캠프' 공감 그리고 나눔	『눈물바다』 (서현, 사계절)	공동체 놀이 및 마음 열기 그림책 '눈물바다' 읽고 독서토론 하기 편지쓰기 이웃과의 만남 독서용 의자 만들기 목공체험 소감 나누기
7	10/20	성의롭게 산다는 것	『갈색아침』 (프랑크 파블로프, 휴먼어린이)	그림책 '갈색 아침' 읽고 독서토론 하기 소감 나누기

| 8 | 11/17 | 창의적으로 산다는 것 | 『파란의자』 (클로드부종, 비룡소) | 그림책 '파란의자' 읽고 독서토론 하기
소감 나누기 |
| 9 | 12/21 | '송년모임' 꿈을 꾸며 산다는 것 | 『갈매기의 꿈』 (리처드 바크, 현문미디어) | '갈매기의 꿈' 읽고 독서토론 하기
소감 나누기
모임 평가 및 마무리 |

2018. '두근두근 북스' 마을연구동아리 주제

순	날짜	주제	주제도서
1	4월 6일	나누다	『점』, 피터레이놀즈, 문학동네
2	5월 4일	사라지다	1. 『똥』, 이춘희, 사파리 2. 『오줌싸개』, 이춘희, 사파리 3. 『막걸리 심부름』, 이춘희, 사파리 4. 『책보』, 이춘희, 사파리 5. 『고무신기차』, 이춘희, 사파리 6. 『국시꼬랭이』, 이춘희, 사파리
3	6월 1일	변화하다	1. 『유쾌한 혁명을 작당하는 공동체가이드북』, 세실 앤드류스, 한빛비즈 2. 『노후를 위한 집과 마을』, 주총연, 클 3. 『마을공화국의 꿈 홍동마을 이야기』, 홍동마을사람들, 한티재
4	7월 6일	돌보다	1. 『이상한 엄마』, 백희나, 책읽는 곰 2. 『알사탕』, 백희나, 책읽는 곰
5	8월 3일	주인이다	1. 『초딩자전거 길을 만들다』, 박남정, 소나무 2. 『씨앗박사 안완식 우리 땅에 생명을 싹틔우다』, 박남정, 청아람미디어 3. 『고추아저씨 발명왕 되다』, 박남정, 청아람미디어 4. 『곰아저씨의 딱새 육아일기』, 박남정, 산하 5. 『친구는 나의 힘』, 박남정, 명주
6	9월 7일	우리 마을 이야기	『지구가 100명의 마을이라면』, 데이비드 스미스, 푸른숲

7	10월 5일 ~ 6일	서로 돕다	1. 『파랑오리』, 릴리아, 킨더랜드 2. 『꽃을 선물할게』, 강경수, 창비
8	11월 16일	지키다	『마지막 거인』, 프랑수와플라스, 디자인하우스
9	12월 21일	낭독의 밤	1. 좋아하는 책의 마음에 드는 구절 1~2쪽, 시 1편 2. 1년 동안의 활동 소감 및 발표 3. 평가 및 정리

중요한 첫 모임 가지기

모든 모임은 첫 만남이 매우 중요하다. 학교라는 다소 경직된 공간에서 학부모, 학생, 교사가 함께하는 자리이니 얼마나 어색하고 낯설겠는가? 따라서 첫 모임 때 몇 가지를 꼭 기억하고 실천하면 갈등 관계를 줄이고, 긍정적인 관계를 지속적으로 유지하며 참여와 협력의 교육공동체를 만드는 데 도움을 줄 수 있다.

첫째, 첫 모임을 시작하기 전 간단한 먹거리를 제공한다. 덧붙여 음악을 틀어놓고 편안한 북카페 이미지를 연출하면 모인 이의 마음을 편하게 한다. 또한, 모임을 시작하면 프리젠테이션을 통해 모임 순서를 이해시켜 사람마다 차이가 있는 집중도의 간격을 조금이라도 줄일 수 있는 장점이 있다.

첫 모임 순서

1. 자기 소개하기: 이미지 카드로 자기 소개하기, 모임 참여 동기, 모임에 대한 기대 나누기
2. 1년 동안의 독서동아리 계획 이야기 나누기
3. 동아리 이름 짓기

4. 동아리 회장, 총무 뽑기

5. 모임규칙 만들기

6. 비경쟁 독서토론 방법 익히기

7. 비경쟁 독서토론 직접 해 보고 발표하기

8. 다음 책 소개하고, 모임 진행자 정하기

9. 마무리 활동하고 인사하며 헤어지기

먹으면 행복해져요~

둘째, 첫 모임에서 친교 활동이나 공동체 놀이는 사람을 알아가는 기회를 제공한다. 첫인상은 외모뿐만 아니라 그 사람의 말, 행동, 눈빛을 통해 사람의 태도, 성격, 가치관 등을 이해할 수 있다. 첫 모임에는 이미지카드로 자기를 소개하고, 이 모임의 참여 동기와 모임에 대한 기대를 물어도 좋다. 첫해, 학부모님 한 분이 '비경쟁 독서토론'이라는 단어가 매우 생소해서 그게 뭔지 궁금해서 참여하게 되었고 '자녀랑 책을 함께 읽으면 자녀에게도 도움이 되지 않을까' 하는 생각에 참여하였다고 말했다. 모인 학부모님 대부분은 독서교육에 대한 열망이 있었다. 아이가 책을 읽지 않으니 부모랑 함께 읽으면 책을 읽을 거라고 미리부터 기분 좋은 상상을 하고 계셨다. 첫 모임에서 학부모에게서 독서에 대한 희망적인 기대와 자녀와의 소중한 추억을 만들고 싶어하는 염원이 느껴졌다.

| 이미지 카드로 자기소개하기 | 컵쌓기 공동체 놀이하기 |

　셋째, 모임의 목적과 취지를 알고 함께 나눈다. 첫 모임에서 올 한해 독서동아리를 어떻게 운영할지 계획서를 나누어 드렸다. 모든 계획에는 목적이 있고, 기대효과가 있다. 목적과 기대효과는 결국 그 모임의 방향성이다. 1년의 계획을 꼼꼼하게 읽고 전달하는 것이 뻔한 전략 같지만, 집중도가 은근히 높았다. 그런 후 궁금증이나 의견을 제시할 수 있는 시간을 가졌다. 학부모들은 책을 직접 사서 읽어야 하는지 학교에서 제공하는지 물었다. 지역 여건상 지자체에서 운영하는 도서관도 없고, 교육청에서 운영하는 교육도서관도 활성화되지 않아 책을 대여하는 데 어려움이 있었다. 처음에는 책 구매 관련 예산을 확보하지 못해 3~4권을 구입해서 돌려 가며 읽거나, 다른 지역의 도서관에서 빌려보는 형식을 택했다. 나중에는 예산을 확보해서 책을 사기도 하고, 학교도서관 책으로 구입하여 함께 읽었다. 바쁜 학부모를 위해 책을 빠르게 돌려 가며 읽기용으로는 그림책이 좋았다.

　넷째, 동아리 이름을 함께 만든다. 첫 모임에서 가장 중요한 활동 중

하나가 모임 이름 짓기이다. 모둠별로 동아리명을 하나 짓고 이유를 말해 달라고 하였다. 그런 다음 각 모둠별로 포스트잇에 이름을 적고 스티커 보팅을 통해 결정했다. 2017년에는 책을 맛있게 읽고 싶어서 '맛있는 책 빵'으로, 2018년에는 독서동아리 모임을 기다리는 마음이 두근두근거리며 설렌다고 하여 '두근두근 북스'로 활동하였다. 만들어진 동아리명은 현수막으로 제작하여 모임 이름을 지속적으로 노출했고, '우리는 하나며, 공동체'라는 인식을 심어 소속감을 높여 주었다.

동아리명 짓기	동아리명 투표하기	현수막으로 소속감 높이기

다섯째, 학부모 대표를 선정한다. 첫 모임 때 회장과 총무를 선정하되, 자발적인 의지로 할 수 있도록 민주적인 의사결정의 경험을 누릴 수 있는 환경을 만든다. 물론 계획서를 작성하거나 모임을 준비하는 사람은 교사 중심 운영 방식을 탈피하기 어렵다. 교사는 학부모 옆에서 그들의 의견을 지지하거나 도움을 주는 역할에 초점을 맞추되, 학부모 대표는 전체적으로 의견을 수렴하고 앞장설 수 있는 장을 만들어 학부모의 자발적 참여를 끌어낸다.

여섯째, 모임의 규칙을 함께 만들고 나눈다. 사람이 만나기 때문에 갈등은 늘 생기기 마련이다. 이런 갈등을 최소화할 방법이 모임규칙을 만들고 공유하는 활동이다. 이미 동아리를 만들어 보고 활동해 본 경험을 들어보면 모임규칙 때 '뒷말하지 않기'를 꼭 넣어야 한다고 말씀하신다. 뒷말이 돌아 중간에 모임이 깨진 슬픈 경우를 숱하게 들었다. 아무렇지도 않게 내뱉은 말은 오해를 낳아 그 말이 부메랑이 되어 서로에게 상처를 주게 되므로, 이를 사전에 예방하는 방법은 규칙을 꼼꼼하게 만들어 서로 간의 존중과 예의를 지키게 하는 것이다. 모임을 여러 번 갖다 보면 규칙을 잊고 행동하는 때도 있어, 지켜지지 않는 규칙은 잘 기억해 두었다가 모임 때 회원들에게 다시 한번 인식시키기도 하였다.

일곱째, 비경쟁 독서토론을 간단히 익혀보는 시간을 갖는다. 첫 모임이기에 비경쟁 독서토론 방법을 알지 못한 채 귀가한다면 얼마나 섭섭한 일인가? 가장 핵심 활동인 토론방법을 익히기 위해서는 처음 책은 읽기 쉬운 그림책으로 모두가 공감하고 이야기할 수 있는 내용이 좋다. 오사다 히로시의 '첫 번째 질문'이라는 책과 피어레이놀즈의 '점'이라는 책으로 비경쟁 독서토론 방법을 익혔다.

모임 탄탄하게 만들기 Tip

첫째, 교육공동체 모두가 비경쟁 독서토론 진행의 기회를 가질 수 있도록 한다. 교사가 혼자 이끌고 나간다면 쉽게 지친다. 첫 모임과 두 번째 모임 정도는 교사가 사회자가 되어 진행하지만 세 번째 모임부터는 학부모에게도 기회를 주었다. 학부모가 사회를 볼 때 매우 낯설어하고, 스스로 능력이 부족하다고 생각하였지만 한 번의 경험으로 매우 뿌듯해하는 모습을 보았다. 자발적인 참여는 자기효능감을 높이고, 더 건강한 모임의 형태를 가지게 된다. 자녀들에게도 색다른 경험이 될 수 있다. 집에서 늘 보던 우리 엄마가 아닌 새로운 엄마의 모습을 학교에서 본다는 것이 어디

흔한 경험인가? 초등학생들은 어른들을 상대로 전체 진행을 맡기에는 미숙한 면이 있어 그림책을 읽을 때나 공동체 놀이를 할 때 진행을 맡겼다.

| 학부모 진행으로 독서토론하기 | 학생이 책읽어 주기 |

둘째, 피드백 활동인 소감 나누기 활동을 한다. 솔직한 피드백이 오가다 보면 좋지 않은 의견이 나오기도 하고 때론 그 말에 상처를 입기도 한다. 하지만 지적받는 것이 두려워 피드백을 받지 않으려 한다거나 상처를 입을까 봐 솔직한 의견을 주지 못하면 진정한 소통의 관계는 아니다.

학부모와 학생, 교사가 함께하기에 사용하는 언어에 미세한 차이점이 있고, 같은 책을 읽고도 바라보는 관점이 다르므로 비경쟁 독서토론 후에는 반드시 책을 읽고 난 후의 느낀 점이나 새롭게 알게 된 점을 발표하는 시간을 가졌다. 이러한 피드백은 자기 성찰의 과정과도 연관되어 인간이라는 존재의 객체가 긍정적으로 변화하고 성장해 나가는 모습을 관찰할 수 있다. 더 나아가서는 동아리(하나의 공동체)가 가지는 문제점이나 개선해 나가야 할 점, 효과적이었던 점을 점검하게 되고, 자칫 지나치기 쉬운 사소한 내용이더라도 메모한다면 목적과 기대에 부합하는 교육 활동으로 개선해 나갈 수 있다.

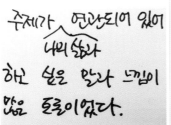

토론 후 소감 나누기	솔직한 자기 생각 드러내기

셋째, 모임에 대해 기대감을 높일 수 있는 다양한 방안을 구안한다. 어떠한 모임이든 간에 오래 유지되기 위해서는 정성과 애정이 요구된다. 모임에 관심을 가지고 두근거리는 마음으로 참여할 수 있도록 모임 안내를 사전에 꼼꼼히 하여 마음가짐을 다듬을 수 있도록 하거나 모임이 끝난 후 감사 인사를 문자로 보낸다. 특히 따뜻한 문자를 서로 주고받는 행위는 그 자체가 아름다움이고 감동이다. 이 문자의 힘이 교사를 버티게 해 주는 힘이자 위로이다.

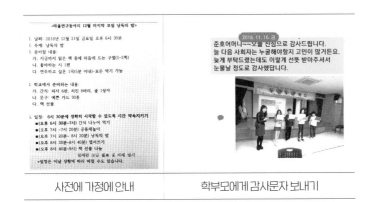

사전에 가정에 안내	학부모에게 감사문자 보내기

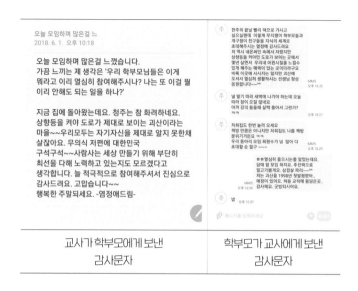

|교사가 학부모에게 보낸
감사문자|학부모가 교사에게 보낸
감사문자|

동아리 실제 운영

매달 주제도서로 비경쟁 독서토론하기

책을 읽으면 새로운 지식을 알게 되고, 지혜를 얻게 된다고들 한다. 또한, 자신이 알고 있는 인식의 범위를 넓혀준다. 독서동아리를 만들어 함께 책을 읽고 공유하는 행위는 인생의 가치를 재발견하게 되고 삶의 여유를 가질 수 있는 경험까지 제공한다. 특히 학부모, 자녀가 함께 독서 활동을 하게 되면 평소와는 다른 모습의 자녀, 부모를 발견하게 된다. 그럼으로써 부모와 자녀의 가정에서의 문제점도 함께 해결해 나갈 수 있다. 허심탄회하게 이야기하다 보면 부모, 자녀로서가 아닌 한 인간으로의 모습도 발견할 수 있으니 함께 책을 읽는 행위는 건강하고 행복한 가정 문화를 만든다. 모임을 하고 나서 몇 번은 어색해하고 부끄러워 말 못하는 경우도 많고, 규칙이 제대로 지켜지지 않아 소란스러운 때도 있었다. 그러나 두 해 동안 운영해 보니 모임을 하면 할수록 회원들이 성숙해지는 모습을 볼 수 있었다. 독서 모임의 성격이 강해 연령대가 비슷한 동년배끼리 모여서 하면 좋겠다는 욕심도 부려보았지만, 학부모는 자녀들의 눈높이에 맞게, 또 자녀는 어른들의 눈높이(눈치?)에 맞게 서로 배려하며 대화하고, 경청하는 모습도 볼 수 있었다. 모임의 취지와 목적이 흔들리지 않고 가고 있으니 욕심부리지 말고 그것만으로도 만족하며 감사히 여겼다.

비경쟁 독서토론은 주제도서와 공동체 놀이를 매우 중히 여긴다. 서로 대화를 나누기 위해서는 공감대를 자극할 수 있는 도서, 소통의 장을 여는 놀이가 필요하다. 학부모가 진행하는 날에 공동체놀이를 손수 정성스레 준비해오는 모습은 감사와 감동이 찾아오고, 재미가 더해졌다. 한 권의 책을 함께 읽고 난 후 질문을 만들고, 비경쟁 독서토론을 하게 되면 학부모와 학생들의 다양한 생각을 엿볼 수 있고, 현재 고민도 함께 읽을 수 있다. 그래서 그 사람을 더 이해하고 존중해 줄 수 있고, 학부모의 학교참여에 긍정적인 인식도 가지게 된다. 학부모는 너무 가까이 가서도 안 되고, 너무 멀어도 안 된다는 말처럼 그 적당한 어딘가의 선을 지키며 만나는 힘이 생긴다.

| 학부모가 준비해온 공동체놀이 | 한 권의 책으로 이야기 나누기 |

책을 매개로 학교와 지역 잇기

선생님은 학교 인근 마을에서 사는 경우가 극히 드물다. 나 역시 인근 도시에서 살고 있고 괴산을 출퇴근하며 근무하므로 괴산이라는 지역에 대한 정보가 거의 없었다. 2017년부터 충북행복교육지구 사업으로 마을 선생님이 운영하는 마을체험처를 몇 군데 다녀보기 시작했고, 학교와 지역을 잇는 마을연계 교육과정 운영 덕에 학생이 속해 있는 마을과 지역을 점차 알게 되는 계기가 되었다. 무엇보다 2017년부터 시작한 학부모, 학생과 함께하는 독서 모임은 학부모, 학생이 사는 마을, 다니는 일터, 함께 사는 이웃에 대해 생생하게 들을 수 있었고, 그들의 생각과 삶의 모습을 이해하는 데 도움을 주었다.

여우숲 1박 2일 인문 캠프

2017년 진로독서동아리를 운영할 때 회원들과의 외부 체험학습을 기획하던 중 파주출판도시를 가기 위해 학부모와 의논한 적이 있었다. 그러나 학부모들은 괴산에서 파주까지 가는 데 3시간이 넘게 걸리며 실제로 체험시간은 몇 시간 안 되어 가고 싶지 않다고 했다. 특히 어린 학생들이 가기에는 너무 먼 곳이라고 다른 장소를 물색하든지 취소하자고 했다. 그 때 마침 지인 선생님이 괴산에 '여우숲'이라는 곳이 있는데 가 본 적이 있냐며 내게 물었다. 그곳에서 인문학 강좌도 열리고, 숙식도 가능하니 한 번 가 보라고 말씀하셔서 바로 정보를 입수했다. 여우숲은 괴산군 칠성면에 위치하고 있으며 이름은 '여우를 기다리는 숲'이라는 뜻을 담고 있다. 『숲에서 온 편지』 책의 저자 김용규 대표가 교장이고, 이곳에서 농사 지으며 여우숲에 들르는 이들에게 숲을 안내하고, 인문학 강좌를 열기도 하며 먼 곳에서 오신 분들을 위해 펜션도 운영했다. 차로 운전하여 30분 내로 도착할 수 있는 여우숲은 우리 학교 학부모, 학생들과 함께 인문캠프를 열 수 있는 적당한 거리에 있었으며, 크기도 안성맞춤이었다. 7월 사전답사를 마친 후, 비경쟁 독서토론과 몇 가지 활동을 하고 하룻밤을 자는 인문캠프를 하자는 의견에 학부모는 크게 찬성하였다.

'공감과 나눔'이라는 주제로 열었던 9월의 1박 2일 인문 캠프는 괴산에 대해 퀴즈 맞히기, 서현 작가의 『눈물바다』를 주제도서로 비경쟁 독서토론, 편지쓰기, 목공의자 만들기 프로그램으로 구성하였다. 낯선 곳에서 마음을 터놓고 이야기를 나누니 설렘과 흥분이 밀려왔던 캠프였다. 눈물의 소중함을 깨닫게 해 주는 '눈물바다' 책이 인문 캠프의 주제와 찰떡궁합처럼 잘 맞아떨어졌다. 처음 해 보는 행사라 두려움이 컸지만, 생각을 열고 정성을 다하는 마음만 있으면 꿈은 현실로 이루어질 수 있음을 알게 하였다.

| 여우숲에서 '공감 그리고 나눔' 캠프 | 지역 퀴즈 맞히기 놀이 |

| 부모와 자녀가 함께 편지쓰기 | 목공의자 만들기 |

성불산 자연휴양림 1박 2일 인문 캠프

2018년에는 지역에서 운영하는 성불산 자연휴양림에서 '서로 돕다'라는 주제로 인문 캠프를 열었다. 인문 캠프를 2년 동안 열며 느낀 점은 학부모들이 첫해에는 매우 수동적으로 참여하였다가 두 번째 행사에서는 식사 준비부터 프로그램 진행까지 학부모들이 적극적으로 나서는 모습을 보았다. 여우숲에서의 캠프는 펜션까지 올라오는 길이 비좁은 데다 밤늦게 모여 서로 이야기를 나누는 시간이 매우 적었고, 아침 프로그램이었던 목공체험은 외부 강사가 진행하여 학부모의 힘이 덜 필요했다. 그러나 성불산에서의 캠프는 비경쟁 독서토론 진행만 교사가 맡고, 저녁 식사, 초고속 야식 경연대회, 보드게임 준비와 진행을 학부모가 맡아 역할이 매우 컸다. 이튿날의 소감 발표에서 학부모들이 학교에서 제공하는 프로그램에 수동적으로만 참여하는 행사보다는 주도성을 가지고 움직일 때 만족도와 즐거움이 더 크다는 것을 알게 하였다. 자발적 참여는 주인의식을 낳고 민주시민으로 가는 길이다.

| 성불산에서의 인문 캠프 | 손주와 캠프에 참석한 할머니 |

1박 2일 인문 캠프를 준비하려면 먼저 사전 답사가 필수이고, 숙박하는 장소를 꼼꼼하게 살펴야 한다. 참가 신청도 첫 모임을 시작하고 얼마 지나지 않아 바로 조사하여 참여자 수를 예상한 뒤 숙박 시설을 미리 예약해야 한다. 가족이 참여하므로 방 배정도 꼼꼼하게 체크해야 불평 불만을 줄일 수 있다. 또한, 현장체험학습 매뉴얼대로 여행자 보험 가입과 안전사고예방 교육도 필수이다. 번거로운 활동이지만 가족들의 모습에서 보람과 의미를 찾는다. 요즘 급변하는 사회 상황에서 조손가정, 한부모가정, 다문화 가정 등 다양한 유형의 가족의 형태가 존재한다. 캠프를 진행하며 멀리 떨어져 사는 엄마를 만나 하룻밤의 소중한 추억을 선물해 주기도 하고, 도움을 주고 싶지만 아는 것이 없어 미안해하는 할머니의 눈물을 보며 손자들이 할머니에 대한 감사와 사랑의 마음을 전하는 따뜻한 모습도 볼 수 있었다. 자신이 행한 일이 다른 이에게 도움이 되었다고 생각될 때 찾아오는 감정이 바로 행복이라는 마음이다. 그 당시 몸은 고되었지만, 1박 2일동안 회원들이 활짝 웃으며 즐거워하는 모습은 나의 기억 속에 각인되었고, 그날 밤늦게 학부모와 만나 나눴던 인생담 또한 내 마음속에 콕 저장되어 있다.

공감 그리고 나눔 인문캠프 일정표

일 정	활동내용	활동시간	진행
17:00~19:30	(저녁식사) 저녁식사 준비, 식사, 정리	2시간 30분	
19:30~20:00	(공감 그리고 나눔 1부) 공동체 놀이 및 마음열기	30분	교사 이**
20:00~21:30	(공감 그리고 나눔 2부) 비경쟁 독서토론(눈물바다/서현/사계절)	1시간 30분	교사 염**
21:30~22:30	(공감 그리고 나눔 3부) -부모와 자녀의 편지쓰기 및 발표	1시간	교사 김**
22:30~07:30	휴식, 취침	9시간	
07:30~08:00	기상 및 숙소 정리	30분	
08:00~09:00	아침 식사 및 산책	1시간	
09:00~10:00	(공감 그리고 나눔 4부) -독서용 의자 만들기 목공 체험	1시간	교사 이**
10:00~11:00	소감 나누기 및 발표, 헤어지기	1시간	교사 염**

서로서로 돕다 인문캠프 일정표

일 정	활동내용	활동시간	진행
17:00~19:30	저녁식사 준비, 식사, 정리	2시간 30분	학부모
19:30~20:00	(서로서로 돕다 1부) 공동체 놀이 및 마음열기 시간	30분	교사 염**
20:00~21:30	(서로서로 돕다 2부) 비경쟁 독서토론 -파랑오리/꽃을 선물할게	1시간 30분	교사 염**
21:30~22:30	(서로서로 돕다 3부) -초고속 야식 경연대회	1시간	학부모

22:30~23:30	야식 시식, 휴식	9시간	
07:30~08:00	기상 및 숙소 정리	30분	
08:00~09:30	아침 식사 및 산책	1시간 30분	
09:30~11:30	(서로서로 돕다 4부) -보드게임	2시간	학부모
11:30~12:30	소감 나누기 및 발표 그리고 헤어짐	1시간	교사 염**

마을 책방 '숲속 작은 책방'과 지역 청소년 공간 '어스' 탐방

지역에서의 문화적 공간은 열악하다. 변변한 도서관 하나 없는 지역에서 갖추어진 서점을 찾으려는 생각은 언감생심이다. 다행히 괴산 칠성면이라는 마을에는 '숲속 작은 책방'이라는 작은 책방이 있다. 숲속 작은 책방은 서울에서 어린이도서관을 운영하며 글을 쓰던 백창화 작가와 김병록 선생님이 괴산으로 귀촌하여 만든 한국 최초의 가정식 서점이다. 작은 책방을 다니다 보면 부부의 정성 어린 손길이 책방 곳곳에 숨어있다.

6월 모임은 동아리 회원들과 숲속 작은 책방과 주변을 둘러본 후 '변화하다'라는 주제로 '책방지기의 삶, 그리고 마을과 책방의 관계와 역할'에 대해 백창화 책방지기로부터 강의를 1시간 정도 듣고, 책 나눔 행사를 했다. 서울에서 괴산으로 내려와 살기까지 과거 이야기, 책방 운영의 고충, 괴산이라는 마을의 특징에 관해 이야기해 주시며, 책방이 시골과 도시를 연결하는 다리로써 책방을 기반으로 한 마을교육공동체 만들기 프로젝트 꿈과 포부도 함께 들을 수 있었다.

9월 모임은 지역 청소년 카페 '어스'를 들렀다. 괴산 읍내에 있는 '어스'는 '어울려서 스트레스 풀자'의 뜻을 지닌 청소년 카페로 괴산의 어린이와 청소년들이 지친 몸과 마음을 쉬게 하고 친구들과 놀며 나누며 스스로 삶을 디자인해가는 공간이 되길 희망하는 데에서 만들어졌다. 행복교육 괴산어울림과 꿈꾸는 청소년 위원회가 만들고 운영하는 청소년 공간 어스는 괴산군의 예산지원과 제일교회의 공간제공으로 탄생 되었다. 어스에서 '우리 마을 이야기'라는 주제로 교통, 인구, 문화, 교육이라는 4개의 분과별 소주제로 우리 마을에 관해 이야기를 나누었다. 아이들은 괴산에 대형마트, 영화관, 놀이시설, 워터파크, 문화공간이 적어 불편하고, 밤에 집 밖을 나가면 개 짖는 소리밖에 들리지 않는다고 불평도 늘어놓았다. 그런데 갑자기 한 학생이 괴산에서 가장 필요한 건 다른 무엇보다 옆집에 친구가 살았으면 좋겠다고 했다. 불평, 불만, 불편이 늘어지는 가운데에도 몇 아이들은 그래도 괴산이 좋고 청정한 자연 상태 그대로 유지되어 오랜 세월 동안 지금 그대로 남아있길 바란다는 말도 했다.

| 숲속 작은 책방 탐방 | 청소년 카페 어스 탐방 |

숲속 작은 책방에서 학부모 한 분이 강의를 듣고 소감 나누기를 할 때 칠성면 미루마을을 조성할 때 직접 공사를 맡았지만, 이곳에 이런 책방이 있다는 사실을 처음 알았다고 말씀하셨다. 괴산이라는 마을에 오랫동안 살고 있지만, 성불산 자연휴양림, 숲속 작은 책방, 청소년카페 어스라는

공간은 지역주민조차 낯선 공간이었다. 책과 마을이라는 주제로 펼쳐지는 지역에서의 독서동아리 활동은 지역주민으로서 변화하는 괴산도 함께 읽을 수 있는 안목을 안겨주었다.

지역 작가와의 만남

2018년 8월에는 괴산에서 살고 있고, 작가로 활동하는 박남정 작가를 모시고 '주인이다'라는 주제로 '농사와 글쓰기'에 대한 강연을 듣는 여름방학 특강을 기획하였다. 초대된 박남정 작가는 이화여대 국어국문학과를 졸업하고 출판저널 취재 기자로 일하셨으며, 20여 년 전에 괴산으로 귀농하여 사과 농사를 지으면서 틈틈이 글을 쓰고 계시는 분이다. 좋은 글을 쓰는 방법을 농사를 지은 경험을 바탕으로 글쓰기 과정을 사과 농사에 빗대어 알기 쉽게 알려주셨다. 무엇보다 좋은 글을 쓰기 위해서는 습관이 매우 중요하고, 나의 성향이나 기질에 맞는 글감을 찾아 책을 많이 읽으며, 매일 꾸준히 써 봐야 실력이 는다고 일러 주셨다. 작가를 만나기 한 달 전, 학생과 학부모들에게 미리 작가의 책을 나누어 주어 읽게 하고, 모임 하는 날에는 작가에게 질문하고 듣는 시간을 가짐으로써 글쓰기에 대한 궁금증을 해소하였다.

당시 박남정 작가를 어떻게 섭외할 수 있었을까? 지역에 터전을 잡고 있지 않은 교사가 지역 작가 정보를 알기란 쉽지 않다. 작은 시골 마을에서 지역 작가를 섭외할 수 있었던 일은 바로 숲속작은책방 백창화 책방지기와의 네트워크 덕분이다. 인적, 물적 인프라가 저변에 널려있더라도 내가 알지 못하면 연결하기 힘들다. 그래서 마을교육 자원지도를 활용하고, 그들과 연대하며 정보를 교환하기 위한 노력은 교사에게 매우 중요한 일이라 하겠다.

| 우리 씨앗의 소중함 이해하기 | 농사와 글쓰기 강연 |

비경쟁 독서토론 방법 활용하기

현재 학교는 소통과 공감의 민주적 토의, 토론문화로 함께 만들어 가는 학교 민주주의를 실현하기 위해 분주히 노력하고 있다. 토의 · 토론은 참여자의 적극적이고 자발적인 참여를 유도할 수 있으며, 상호작용을 통해 새로운 관점과 시각을 가질 수 있고, 집단의 시너지 효과를 얻는다. 비경쟁 독서토론의 모태가 된 월드카페방식의 토론은 기존 찬반 토론과 다르게 질문을 통해 참여자 모두가 고르게 이야기를 나눌 수 있어 학교현장에서 교육공동체 대토론회에 자주 사용하는 방식이다. 교육공동체 대토론회는 교육공동체 구성원들이 함께 비전을 공유하고, 서로의 입장에 대해 소통 · 공감하며, 학교 현안에 대해 집단 토론으로 합의된 결과를 실천하고 함께 책임지는 새로운 학교문화를 조성한다.

2019년도 1학기 말과 학년 말, 2회에 거쳐 학교교육과정 운영에 대해 자체적으로 평가하고 내년도 교육과정을 계획하기 위해 교육공동체가 함께 모이는 학교자체평가 한마당을 펼쳤다. 1학기 학교자체평가한마당에서는 학교자체평가의 의미에 대해 학부모와 학생이 함께 이해하는 시간을 가진 후, 분과별 토의를 위해 전반적인 교육과정 운영에 대해 발표했다. 다음으로 월드카페 토의 운영 방식을 이해하고, 6개 분과별 토의를 거쳐 정리 후 의견을 발표했다. 월드카페 형식 토의·토론법, 분과별 발표, 토의토론을 거쳐야 하니 3시간이 훌쩍 넘어 밤늦게까지 펼쳐졌으나, 학부모들은 불평 한마디 하지 않았다. 이런 경험이 의미 있고 즐거우셨던지, 참여 소감을 읽으면서 학부모와 학생이 가지고 있는 교육의 열정과 희망을 읽었다.

2학기에는 조촐하게 학부모와 함께 대담회 형식으로 펼쳐 완급조절을 했다. 이날 나온 의견은 교육과정 워크숍을 통해 한 번 더 협의를 거친 후 내년도 교육과정에 반영하였다. 이처럼 비경쟁 독서토론 방식은 학교 교육활동 어느 곳이든 응용하여 활용이 가능하다.

| 토의·토론하기 | 정리·발표하기 |

학교자체평가 한마당 운영 순서

주제	운영 시간	운영 내용
1부 나눔과 소통	18:30~18:50	-등록
	19:00~19:30	-공동체놀이 및 마음 나누기(수박놀이, 늑대와 양, 왔어요)
2부 존중과 책임	19:00~19:30	-교육 3주체 학교자체평가 의미 -분과별 토의 도움자료 발표 -월드카페 토의 운영 방식 이해
	19:30~20:30	-6개 분과별 토의 주제 *교육과정 전반적인 운영(수업, 평가, 학사일정 등) *6개 주제(방과후학교, 학교행사 및 체험학습, 연구학교 운영, 학생자치, 우리가 꿈꾸는 학교)
	20:30~20:50	-분과별 정리 및 발표 -소감 나누기
	20:50~21:00	-정리 및 귀가

❷ 예술 이음 학교

1. 일상생활에서 무엇을 예술이라 하는가?
(일상에서 즐기는 예술의 예)

2. 내가 보고 보은 공연, 추천하는 공연에는
무엇이 있을까?

3. 중원대학교와 연계한 예술교육방법엔
무엇이 있을까? (중원대 사용법)

학교 현안 예술이음학교 운영

참여 소감 모음

| 마지막을 자축하며 | 릴레이 편지쓰기(자녀와 부모 사이) |

독서동아리를 운영하고 난 후

함께 서로 성장하다.

2017년은 8세대가 함께 총 34명으로 구성하여 학부모 15명, 학생 17명, 교사 2명으로 구성되었다. 1박 2일 인문 캠프를 할 때는 온 가족이 함께 모이기 때문에 평소보다 참여도가 더 높았다. 2018년은 11세대가 모여 총 41명이 함께하고, 학부모 17명, 학생 22명, 교사 3명이 함께 했다. 지난 2년간 학부모, 학생, 교사가 함께하는 동아리 활동을 운영하면서 회원들의 즐거운 표정을 보며 교직의 의미를 재점검할 수 있었고, 나의 행동이 다른 사람에게 도움이 되었을 때 진정한 행복이 찾아옴을 느꼈다.

처음 운영할 때는 참여자 수에 연연해 하며 참여율을 높이는 방법에 초점을 맞추었지만, 나중에는 참여율보다는 몇 안 되는 사람이 모이더라도 그 속에서 진정한 우리네 이야기를 나누려고 노력하였다. 그 결과 마지막 모임이었던 낭독의 밤에서 회원 스스로가 케이크를 손수 준비하여 축하하였고, 평가회에서는 학생, 학부모가 서로 마음을 나누는 자리가 되어 감사의 인사로 풍성함이 더해졌다. 책을 함께 읽고 이야기 나누기 활동은 똑똑한 몇 사람만 하는 것이 아닌 누구나 할 수 있는 활동이고, 자신의 이야기를 나눔으로써 자신을 돌아보는 계기를 마련해준다. 행복은 멀리 있지 않다. 우리 가족이 아닌 이웃과 어색한 자리임에도 불구하고, 음식을 나눠 먹고 공동체 놀이를 하며, 서로의 마음을 내어 주며 활동하면 즐거움과 행복은 스스로 찾아온다.

'두근두근 북스' 동아리 평가회

학부모

◇ 2년 동안 학부모, 학생, 교사가 함께하는 동아리 활동을 통해서 스스로가 성장하는 것을 느낀다. 서로 다른 연령, 환경, 성격을 가진 사람들이 모여 함께하는 것은 정말 힘든 일이지만 그로 인해 소통하고 함께하는 법을 배워나가는 것 같다. 책을 읽는

활동도 좋지만, 사회성을 높일 수 있어서 보람된 동아리 활동
이었다. 고생하신 선생님, 감사합니다.

◇ 참여하는 사람만 참여한다. 당연하죠! 강요는 안 되고 경험해
본 사람은 좋으니까 계속 오는 것. 남의 눈 신경 쓸 필요 없다고
생각해요. 내 생각에만 갇히지 않는 좋은 기회였어요. 연령대
가 다양한 것이 저는 오히려 장점이라고 생각해요.

◇ 담당 선생님의 헌신이 많이 크다. 가족애, 학교애, 학부모 간 긍
정적 관계 증진, 학부모와 선생님, 학교, 학생들에 대한 이해와
공감! 잘될 수밖에 없는 어른, 아이 교육!, 내 아이만이 아닌 모
두 함께!

◇ 같은 공간에서 같은 시간을 함께했던 추억, 우리 아이들에게 지
식의 전달이 아닌 감성의 전달 시간이었다.

◇ 내 아이들과 같은 공간에서 함께 토론하면서 생각을 나누고 조
금 더 가까워진 한 해가 되었다. 시골 작은 아담한 학교이지만
대한민국 어디에도 없는 교육이다. 계속되었으면 좋겠다.

◇ 1년 동안 새로운 가족, 사람들을 만나서 정말 감사하고, 이 마을
연구동아리를 만들어 주신 선생님께 감사합니다.

◇ 소통과 나눔이 있고, 배려와 포용과 존중을 배우는 진정한 '성
장 공동체'였습니다. 1박 2일 캠프는 이 모임의 가장 멋진 이벤
트였어요. 행복했습니다.

◇ 1년간의 독서동아리를 하면서 뭐니 뭐니 해도 소통인 것 같습니
다. 아이와의 소통, 학부모와의 소통, 나아가서 가족과의 소통!

◇ 1년하고 또 1년, 나와 너와 우리가 소통을 통하여 조금씩 알아
가는 소중한 시간이었습니다. 책을 통하여 체험을 통하여, 선
생님 노고 덕에 마음의 나이를 한 살 먹은 기분입니다. 이 기분
으로 내년에도 또?

학생

◇ 인문 캠프가 재미있었다. 그리고 맛있는 걸 먹어서 좋았다. 내년에도 또 하고 싶다.

◇ 마을동아리를 하면서 난 참 재미있었다. 선생님들은 힘들지만, 우리가 기뻐하면 선생님도 기쁜 것 같다.

◇ 친구와 더 친해질 수 있는 시간이어서 좋았고, 우리가 조금 더 놀 수 있는 기회가 부족해서 아쉬웠다. 토론만 하는 것보다는 좋아하는 구절을 낭독하기, 다른 곳에서 하는 것이 좋았다. 우리가 더 적극적으로 참여할 수 있었던 것도 많이 좋았다.

◇ 성불산 캠프가 가장 기억에 남는다. 3박 4일 동안 했으면 좋겠다.

◇ 책을 읽고 호기심이 생겨, 비경쟁 독서토론에서 질문을 만들고 답을 하고, 적극적으로 참여하는 점을 배웠다.

◇ 재밌고, 다음에는 캠핑장에서 하고 싶다. 내년에도 또 해요.

◇ 선생님들도 학부모들도 어린이들도 꽃보다 아름답다. 선생님들이 꽃 같다.

◇ '한 아이를 키우려면 마을이 필요하다'라는 것을 느꼈다.

◇ 처음에 책을 읽고 토론하는 게 어색했지만 1년 동안 독서토론을 하니까 익숙해지고 다른 사람들과 더 친해진 거 같았다. 독서동아리 오면서 좋은 말을 많이 들었다. 내년에도 독서동아리를 했으면 좋겠다.

◇ 종이에 그림을 그릴 수 있는 시간이 많아서 무척 좋았고, 맛있는 음식과 음료를 매일같이 준비해서 정말 기뻤다. 계속 독서토론이 이어졌으면 좋겠다.

◇ 여러 가족이 만나 서로 소통하며 이번 연도를 보내게 되어 뜻깊었다. 내년에도 새로운 가족들이 신청하여 경험해 보았으면 좋겠다.

모순적 생각 모음

학부모와 함께한 동아리 경험은 지금까지 학생들과 나눈 경험과는 색이 완벽히 다른 색깔의 경험이었다. 교사로서만이 아닌 한 인간으로서도 크게 도약하는 결과를 낳았다. 그동안 학부모는 가까이하기에는 먼 당신이었지만 가까이 그러면서도 자세히 보는 힘을 불어 넣어 주었다. 그리고 웬만한 상처나 갈등은 그러려니 넘어가는 유연한 힘도 길러주었다. 20대, 30대 까칠한 교사였을 때는 가당치도 않았을 것이다. 동아리를 성공적으로 운영할 수 있었던 힘을 한 가지 말한다면 그 당시 40대 중반에 어느 정도 자녀도 키워 놓고, 대한민국 아줌마가 가지고 있는 당참(뻔뻔함?)이 있었기에 가능했다고 본다.

그러나 40대 중반의 경력 있는 교사에게도 어려움은 봉착한다. 학부모와 학생, 교사가 함께하는 독서동아리는 구성원들의 나이 폭이 넓어 진지한 대화를 이끌기가 어렵고 학생의 발달수준과 개인차에 따른 집중도의 차이가 현저히 나기 때문에 이를 제재하는 데에 어려움이 따른다. 제재하자니 학부모가 계시는 데 마구 소리 지를 수도 없다. 나의 치부를 거기에서 다 드러낼 필요까지 없으니까 말이다. 학생을 가르치고 있다면 목표에 도달하지 않았기 때문에 원점으로 돌아가서 재학습을 시킬 수도 있지만 그럴 수도 없는 상황이니 이래저래 난관에 부딪힐 수밖에 없다. 이래저래 참아보기도 하고, 어떻게든 해결해 보려고 노력하면 스스로 내공이 쌓여 도인이 되어 가는 특별한 경험도 맛볼 수 있다.

또한, 학교라는 공간은 열정 많은 교사가 많으면 다소 피곤해질 수 있다. 교사들끼리 서로 바라보는 시선과 관점의 차이가 있기 때문에 이렇게 안 해도 되는 일을 굳이 벌여가며 하는 사람은 미움을 받을 수도 있고 갈

등을 조장시키기도 한다. 그러나 나는 다행히 학교에서 왕따는 당하지 않았다. 교직원들이 적극적으로 지원하고 관심 있게 바라봐 주셨다. 동아리를 함께 만들었던 후배 교사와 다양한 아이디어를 주고받으며, 1년간 활동 계획을 수정해나갔다. 또 손이 많이 필요한 인문 캠프에는 지친 금요일 저녁 시간임에도 불구하고 교감 선생님과 선배 교사가 오셔서 요리 경연대회 심사도 직접 해 주시고, 하룻밤을 함께 해 주시기도 했다.

이처럼 혁신의 힘은 멀리 있지 않고 우리 가까이에 있다. 교사 간의 색다른 아이디어와 전문성을 가둬두지 않고, 서로 자극하고 조화를 이루어나간다면 함께 성장해 나가는 문화를 만들어 낸다.

모임을 하다 보면 참여하는 사람만 매번 참여해서 교사가 실수를 범하기도 한다. 일부 참여자들의 의견이 우리 학교 학부모 전체 의견이라고 생각하는 오류적 사고를 배제하고, 의견을 걸러 듣는 전문성과 역량이 요구된다. 소위 입김 센 몇 명의 학부모가 학교를 이끈다는 말을 듣지 않으려면 여러 루트로 학부모의 의견을 수렴할 수 있는 창구가 필요하다. 2020년 코로나19는 우리에게 비대면 온라인 세계로 안내하며 학부모 학교참여의 방향성을 제시해 주었다. 2020년에는 교육공동체가 함께하는 학교자체평가 한마당을 대면이 아닌 온라인으로 만났던 경험도 내게는 매우 특별했다. 물론 참여도는 낮았지만 말이다. 이렇게 되면 바쁜 직장인에게도 학교에 적극적으로 참여할 수 있는 기회를 제공해준다. 스마트 기기를 서투르게 다루거나 온라인이 생소하여 꺼리는 학부모도 있지만 이 방법은 점차 확대되리라 예상된다.

동아리 회원이 정해지면 정해진 멤버로 1년 살이를 하게 된다. 처음에는 정보가 없어, 시간이 되지 않아서, 두려움이 커 참여하지 못하는 학부모와 학생들에게도 기회를 줄 수 있으면 좋다. 그래서 관심있는 사람들은 언제나 문을 활짝 열어놓고 참여할 수 있음을 알려주어 그들을 소외시키지 않는 것도 하나의 방안이 될 수 있다.

미래를 위한 제언

첫째, 교내, 학교간 전문적학습공동체, 교사 연구회, 동아리 등을 통해 교사의 경험과 지식들이 서로 공유되어 확산시키는 협력 문화를 만든다. 모임이 지속성을 가지려면 교사의 헌신과 희생은 반드시 따라야 할 필수 조건이다. 그러나 한 명의 교사만으로 한계가 분명히 존재하고, 시스템 정착까지는 엄두도 내지 못한다. 일의 기획부터 추진의 주체가 교사이다 보니 함께 의견을 나누고 활동하는 교사가 더 많으면 좋겠다는 생각을 했다. 신바람 나는 동아리를 만들기 위해 뜻을 함께하는 교사가 필요하다.

둘째, 책 읽는 학교를 만든다. 자신은 아무것도 모르며 일자무식이라고 말했던 학부모가 오히려 자신의 삶을 더 진솔하게 말하는 모습을 보며, 어른들에게도 책 읽기 모임과 같은 동아리가 주변에 필요함을 느꼈다. 그러기 위해서는 학창시절 학교에서 책 읽는 문화를 배우는 환경이 지속해서 노출되어야 할 것이다.

셋째, 학교 경영자의 적극적 지원이 요구된다. 교사들은 수업과 생활지도, 담당업무만으로도 에너지가 소진되기 쉽다. 교장 선생님과 교감 선생님의 격려 한마디가 교사들에게 큰 힘이 될 때가 있다. 행·재정적 지원을 넘어 정서적 지원이 함께 이루어진다면 어떠한 난관도 헤쳐나갈 수 있을 것이다.

사람이 모이는 곳에는 늘 갈등이 존재한다. 갈등을 피하고자 '아무것도 하지 않으면 아무 일도 일어나지 않는다.'라는 말처럼 자신에게 용기를 주고, 긍정의 관계를 유지할 수 있는 다양한 방안을 연구하는 자세를 갖춰야 한다. 현재 나는 교사로서 꿈이 있다면 학생뿐만 아니라 학부모, 어른들과도 소통하며, 민주적 시민을 길러내는 이 사회의 큰 부모가 되고 싶다.

학부모 인터뷰

문광초등학교 학부모 김혜숙 님

1. 학부모 학생, 교사가 함께하는 비경쟁 독서토론 동아리에 참여하신 동기는 무엇인가요?

비경쟁 독서토론을 만난 것은 아들이 2학년 때였습니다. 독서와 토론이라는 용어의 느낌이 딱딱하다는 고정관념 때문에 저학년 아들에게 어려운 과정이 아닐까 하는 염려가 있었으나 안내문을 자세히 들여다보니 흥미로운 사실이 발견되었습니다. 학년의 제한이 없으며 학부모와 교사와 학생이 한자리에서 토론한다는 것이었지요. 거기다 '비경쟁 독서토론'이라는 용어도 충분히 흥미를 유발할 만했습니다. 다양한 사람들이 모여 책을 읽고 자신의 관점을 자유롭게 나누면 참 재미있을 것이라는 기대감이 참여 동기로 이어졌습니다.

2년 동안 참석했던 비경쟁 독서토론은 기대 그 이상이었습니다. 풍성한 먹거리, 재치 있는 사회자님의 입담, 매시간 기발함을 뿜어내는 아이들의 톡톡 튀는 생각과 나와 다른 어른들의 생각을 만나는 일은 매우 흥미로운 일이었습니다. 그런데 이게 다가 아니었습니다. 어느 날은 황혼 녘 책방과 산과 카페에서

노을을 바라보며 모임을 했었는데 넉넉한 자연에서 뛰놀며 읽은 책 내용을 장난스럽게 발표하던 아이들의 행복한 표정을 잊을 수가 없습니다. 저는 지금도 그날을 '공교육의 혁명'의 날이라고 부르고 있습니다.

2. 학부모, 학생, 교사가 함께하는 비경쟁 독서토론 동아리를 하며 인상 깊었던 점이나 기억에 남는 점이 있다면 무엇일까요?

우리 모임 시간은 직장인 부모들의 시간을 배려하여 저녁 시간에 이루어졌습니다. 학교 수업과 방과 후 수업에 학원까지 마치고 온 아이들은 때로는 녹초가 되어서 왔고 몸의 피로는 몰입을 방해하여 몹시 산만한 분위기로 이어지는 날도 있었습니다. 그날도 그랬습니다. 진행하시는 사회자의 말이 들리지 않을 만큼 소란스러웠습니다. 아이들은 매직으로 친구 얼굴과 손에 온통 그림을 그리기도 하고 전지 한 장을 낙서로 도배해 놓기도 했습니다. 모둠별로 이동하면서 누군가 만들어 놓은 질문에 답변을 쓰고 새로운 질문 하나를 만들어 발표하는 시간을 갖기로 되어 있었는데, 과연 이런 분위기에서 아이들이 발표할수 있을까라는 생각에 사회자인 선생님이 심히 걱정되었습니다. 그런데 놀라운 것은, 선생님은 전혀 당황하거나 아이들을 통제하기 위한 단 한마디의 말씀도 하지 않으셨습니다. 여기에 훨씬 더 놀랐던 것은 조금 전까지 그토록 산만했던 그 아이들이 발표 시간이 되자 너무나도 진지하게 상대의 말을 경청하며 적극적으로 반응을 하던 모습입니다. 초등학교 1학년부터 6학년까지, 30대 부모부터 70대 할머니까지 매우 다양한 연령층이 균등하게 발언권을 부여받고 안전하고 자유롭게 대화에 참여할 수 있는 안전망이 구축되었다는 생각을 했습니다. 우리는 비경쟁 독서토론의 본질을 잘 정리된 문장으로 배우는 대신 선생님께서 만들어 주신 현장에서 아주 생생하게 몸으로 배운 것입니다.

3. 향후 비경쟁 독서토론이 확산되기 위해 바라는 점(발전방향)에 대해 말씀해 주신다면?

저는 2년간 비경쟁 독서토론에 참여하면서 매 순간 아이들의 생각을 만나는 일이 흥미진진했습니다. 아이들은 책을 읽은 후 느낌을 말할 때 사회적 바람직성에 자기 생각을 억지로 끼어 맞추는 것이 아니라 그 순간 떠오르는 즉흥적인 생각을 거침없이 말합니다. 밑도 끝도 없는 생각을 질문으로 던져 주고 다른 사람 질문에 아무런 개연성 없는 답을 마구 써 놓기도 합니다. 그런데 사회자는 느긋하게 기다렸다 장난처럼 보이는 이러한 아이들의 생각을 엮어 완성된 토론을 만들어 갑니다. 그리고 마지막 소감을 적을 때는 모두가 만족스럽습니다. 타인의 생각에 비판이나 비난을 가하지 않고 자신의 관점을 편안하게 이야기할 수 있는 분위기가 가능할 수 있는 요인이 무엇인지를 생각해 봅니다. 아마 처음부터 이렇게 자연스럽지는 않았을 것입니다. 아이들에게 토론에 대한 어떤 규칙을 애써 주입 시킨 것도 아닐 것입니다.

그것은 비경쟁 독서토론이라는 다소 생소한 방식의 토론 문화가 꾸준하고 지속적으로 아이들 속에 스며든 결과일 것입니다. 문광초등학교의 사례를 토대로 비경쟁 독서토론이 동아리 활동이나 방과 후 활동 등의 어떤 방식으로든 아이들이 학교현장에서 친근하게 접할 수 있는 교육여건이 조성되기를 바라봅니다.

메모

교사독서모임
느슨해서 더 단단한 제천 책교사 '뒤끝'

이동진
(세명고등학교)

'~척' 할 필요 없어서 편해요.

준비물이 없어서 홀가분해요.

나와 다른 사람들이 모여 알록달록해요.

기진하여 힘이 없는 날엔 그냥 듣기만 해서 쉬워요.

배고픈 누구를 위해 작은 끼니가 있어 든든해요.

생각이 다르다고 흉보지 않아 좋아요.

누구라도 반겨주니 훈훈해요.

까만 밤에 만나니 누구라도 빛나요.

선생님만 모여도 선생님이 없어서 부담 없어요.

지각해도 빈자리가 있어서 마음이 놓여요.

앞서지 않고 뒤 끝에 모이니 착해요.

언제나 기다려주니 이렇게 글도 쓰네요…ㅎㅎ

'우리 뒤끝 모임은'─배소영(제천 동명초등학교 교사)

제천에도 청주의 '세상질문'처럼 비경쟁 독서토론을 기반으로 한 교사 책모임이 있다. 모임 이름은 '책교사 뒤끝'이다. 첫 준비 모임 때 책사회의 이경근 이사님께서 '교사가 뒤끝이 좀 있으면 어때?'라고 무심코 던지신 말씀을 모든 사람이 동시에 마음에 들어하면서 유쾌하게 결정된 이름이다.

책사회에서는 청주에서 마중물 선생님들을 중심으로 비경쟁 독서토론이 조금씩 확산되고 있는 것에 대해 굉장히 고무적으로 느끼셨던 것 같다. 반면에 청주와는 거리가 있는 제천에서는 될 듯 말 듯 본격적으로 타오르지 못하고 있는 것을 아쉬워하셨다. 그런데 마침 충북교육청이 학생들의 독서 문화 활성화를 위해 책사회와 MOU를 체결하였고, 책사회에

231

서는 예산의 일정 부분을 제천 비경쟁 독서토론을 위해 지원하기로 하였다. 덕분에 제천에서 각자 독서교육, 독서 운동을 열심히 하던 분들이 준비 모임이라는 이름으로 한자리에 모일 수 있었다. 책사회 이경근 이사님을 비롯하여 초등학교 선생님, 중고등학교 국어 선생님, 고등학교 한문 선생님, 중학교 가정 선생님, 제천 기적의 도서관 관장님, 지역 아동 청소년 복지관 관장님 등 언뜻 보면 조합의 성격이 쉽게 가늠이 되지 않는 사람들이 테이블 위에 김밥과 떡볶이를 가득 쌓아 놓고 앉았다. 마치 엘론드 회의[1] 같았다.

서로 간에 처음 뵙는 분들이 많았지만 전혀 문제가 되지 않았다. 굉장히 자유롭게 그리고 활발하게 어떻게 하면 제천에 비경쟁 독서토론을 정착시킬 수 있을지에 대해 깊은 대화를 나눴다. 가장 중요하게 결정해야 할 문제는 학생 중심으로 할 것이냐, 교사 중심으로 시작할 것이냐였다. 정답이 없는 주제였기 때문에 긴 시간 동안 여러 이야기가 오고 갔는데, 교사들이 비경쟁 독서토론의 좋은 점들을 알게 된다면 그것이 자연스럽게 학교 안으로, 수업 안으로 흘러 들어갈 수 있을 것이라는 한 선생님의 의견에 모두 동의하면서 논의가 마무리 되었다.

그런데 2017년에 제천에도 교사들의 비경쟁 독서토론 모임이 있었다. 한 해 동안 총 500분이 넘게 참가하실 정도로 활발하게 진행이 되었는데 1년을 넘기질 못했다고 한다. 1년이라도 가능했던 이유는 모임을 주도하고 이끄셨던 선생님이 2017년에 교육지원청 파견교사로 근무하셨기 때문이

---

1 엘론드 회의는 영화 반지의 제왕에 등장하는 회의로 제3시대 3018년 리벤델에서 엘론드가 주최하였다. 프로도가 소유하고 있던 절대반지에 대해서 토론을 하였으며, 이 회의 끝에 반지 원정대가 결정된다. 나무위키 참조.

었고, 그것이 지속되지 못했던 이유는 그 선생님이 불과 1년 만에 다른 지역으로 발령이 나셔서 독서와 전혀 상관없는 업무를 맡게 되셨기 때문이다. 결국 교사 독서 모임을 지속적으로 유지하는 것은 한 사람의 희생과 헌신으로는 불가능했다. 그리고 지나치게 관에 의지해서도 안 되었다.

이 경험이 우리에게 남긴 숙제는 분명했고, 답도 명확했다. 서로 지치지 않아야 했고 그러기 위해서는 연대가 중요했다. 한 사람에게 집중되지 않게, 그리고 느슨하게 가는 것을 목표로 정했다. 마침 공교롭게도 처음으로 선정된 책이 『하마터면 열심히 살 뻔했다』였다. 운명처럼 제천 책교사 뒤끝이 시작되었다.

어떻게 단단해졌나요?

'책교사 뒤끝'은 선배격인 청주의 '세상질문'의 방식을 거의 그대로 가져왔다. 준비 모임에 참석하셨던 분들이 운영진이 되셔서 한 달에 한 번씩 돌아가면서 진행하였다. 각 모임마다 공동체 놀이, 비경쟁토론, 다음 모임 책 선정의 순서로 진행되었고, 간식과 책은 책사회에서 준비해 주셨다.

시작이 굉장히 중요했는데 첫 모임은 2019년에 운명처럼 청주에서 제천으로 발령이 나셨던 박 선생님께서 진행해 주셨다. 박 선생님은 청주에서 근무하실 때에도 세상질문 팀의 운영진으로 계셨고, 매년 치러졌던 청소년 비경쟁 독서토론 한마당에서도 실무진으로 참여하셨던 분이라 누구보다 비경쟁 독서토론에 대해서 깊이 이해하고 계신 분이다. 덕분에 첫 모임이었음에도 참석하신 모든 분들이 비경쟁 독서토론의 철학과 가치에 대해 쉽게 공유할 수 있었다. 또 진행은 얼마나 안정적이었는지 '토론의 흐름', '모둠지기 또는 참여자의 역할', '질문을 만드는 방법'과 같은 비경쟁 토론의 핵심적인 요소들에 대해서도 선생님들이 금방 이해하셨다. 이 첫 모임이 이후 책교사 뒤끝의 매뉴얼이 되었다. 그 이후에 진행을 하셨던 모든 운영진들이 박 선생님의 형식을 빌려 활용하셨다.

책교사 뒤끝 준비 모임

책교사 뒤끝은 매번 30명 정도의 선생님이 참석하실 정도로 안정적인 모임이 되었다. 빠지지 않고 고정적으로 참여하시는 분이 20분 정도였다. 제천 같은 규모의 중소도시에서 다른 연결 고리가 없는 교사들이 책을 매개로 이렇게 모일 수 있다는 것은 꽹장한 일이었다. 그 중에는 눈에 띄게 뒤끝에 대해 애정을 갖고 계신 분들이 나타나기 시작했다. 나중에는 그분들께 토론을 진행을 부탁드리기도 했다. 그렇게 서로 연대할 수 있는 범위가 넓어지고, 뒤끝을 진심으로 좋아하고 있는 분들이 많아지면서 이 모임을 지속할 수 있는 힘은 더욱 단단해졌다.

처음 시작했던 2019년은 책사회의 든든한 지원, 운영진 선생님들의 열정, 참여하시는 선생님들의 성숙한 태도로 성공적으로 마칠 수 있었다. 마지막 모임 때 특히 많은 분들이 오셨는데 끝남을 아쉬워하고 다음을 기대하는 표정들이 내내 기억에 남는다. 절대 1년으로 끝날 모임이 아니었다.

첫 번째 뒤끝 모임

그런데 문제는 2020년에 전 세계를 덮은 코로나19였다. 당연히 3월, 4월은 시작할 수가 없었다. 5월이 되었을 때 운영진들 사이에서 더는 늦어지면 다시 시작하기 어려울 수 있겠다는 위기감이 흘렀다. 그 즈음 ZOOM이 학교 실시간 수업의 대안으로 각광을 받기 시작했다. 그리고 ZOOM 안의 소회의실 기능이 있는데 그것으로 모둠별 활동이 가능하다는 얘기를 들었다. 그래서 급하게 몇 분이 ZOOM을 공부해서 2020년의 뒤끝 모임을 온라인으로 시작했다.

당시만 해도 온라인 수업 초창기라 선생님들의 두려움이 최고조일 시기였다. 그래서 독서 모임마저 온라인으로 진행한다는 것이 선생님들께는 굉장히 부담스러울 수도 있었다. 그래서 조심스럽게 안내를 드렸는데 그럼에도 불구하고 30명이 넘는 분들이 참석해 주셨다. 2019년에 오프라인으로 모였던 만큼의 분들이 찾아 오신 것이다. 물론 이때는 모두가

ZOOM에 서툴 때여서 제대로 된 토론이라기보다는 그동안의 삶을 나누고 서로 간에 안부를 확인하는 성격이 더 컸지만 제천 선생님들의 뒤끝에 대한 애정은 충분히 확인할 수 있었다.

그 이후 코로나19가 조금 진정되면서 다시 오프라인으로 모임을 할 수 있었고, 작가 초청 프로그램도 시도해 보았다. 그런데 가을 이후 다시 상황이 심각해져서 부득이하게 온라인으로 한 차례 더 진행을 해야 했다. 매번 모일 수 있을지 없을지 확신할 수 없는 상황이 계속되었지만 급격하게 인원이 줄지 않았다. 오히려 소문을 듣고 새롭게 찾아오시는 선생님들이 계셨다. 그래서 뒤끝은 코로나19마저 이겨냈다는 자부심을 가진 모임이 되었다.

2019~2020 책교사 뒤끝 스케치1

2019 ~ 2020 책교사 뒤끝 스케치 2

좋았던 장면들

김영하, 『여행의 이유』 (2019년 9월)

주제 도서가 김영하의 『여행의 이유』였다. 선생님들답게 주로 방학 때 다녀오셨던 여행 경험이 대부분 이야기의 주제였다. 그 때 한 선생님은 본인은 여러 가지 이유 때문에 여행을 좋아하지 않는다고 하셨다. 그런데 그 다음 말씀이 모든 사람에게 감동을 주었다.

'선생님들 말씀처럼 여행을 통해 시야도 넓어지고, 학기 중에 고단했던 삶을 위로 받을 수 있다면 저는 이 뒤끝 모임이 여행같아요. 제게는 선생님들의 이야기들 하나하나가 서로 다른 여행지 같거든요. 그리고 이거 마치고 집에 누웠을 때 잘 쉬었다는 느낌을 늘 가져요. 저는 이 모임이 여

237

행이에요'

은유 작가 초청 강연 (2020년 6월)

2020년 6월 코로나19 이후 처음으로 갖는 오프모임은 은유 작가 초청 강연이었다. 운영진 입장에서는 작가분을 모시고 진행하는 행사이기 때문에 준비할 것이 많았다. 그러다 보니 참가하시는 선생님들께도 이것저것 부탁과 요구를 해야 하는 경우가 생겼다. 그런 상황에 마음이 불편하였던 운영진 선생님 한 분이 톡방에서 양해를 구했는데 많은 분들이 괜찮다고 하셨고, 그 중 한 분이 남겨주신 톡이 큰 힘이 되었다.

'제가 유일하게 제천에서 누리고 있는 문화 활동이에요. 더구나 은유 작가님이라니요… 더한 것도 시켜주세요.'

싸울 때마다 투명해진다 (2019년 6월)

한 번도 빠지지 않고 모임에 나오시는 원로급 선생님(A)이 한 분 계신다. 이 때의 주제 도서는 은유 작가님의 책이었는데 책 내용 중에 여성 인권의 신장을 주장하는 내용들이 더러 있었다. 그런데 그 선생님은 이 책이 굉장히 불편하다고 하셨다. 지금까지 학교, 가정에서 참고, 포기하고, 희생해 가며 살았던 것을 나름대로의 자부심으로 여기고 살았었는데, 이 책을 읽으면서 그러한 자신이 통째로 부정당하는 것 같아서 읽기가 힘들다고 하셨다. 결국 다 못 읽으셨다. 그런데 선생님의 말씀 다음에 갑자기 옆에 앉아 계셨던 선생님(B)께서 그 선생님을 꼬옥 안아 주셨다. 이 장면이 인상적이었던 이유는 바로 전에 선생님(B)이 그러한 순종적이고 자기 목소리를 내지 못하고, 참는 여성들에 대해서 날카로운 비판을 하셨기 때문이다. 게다가 B 선생님이 A 선생님보다 훨씬 더 젊었다. 정황상 자칫 주변 사람들을 긴장시킬 수 있는 불편한 장면이 연출될 수도 있었는데, 오히려 그 모둠에 있었던 분들이 모두 너무나 아름다운 장면이라 생각하며 먹먹하게 바라보았다. 두 분이 오롯이 서로를 이해하고 있다는 것이 그대로 느껴졌고, 이것이 비경쟁 독서토론의 본질이구나 하는 생각이 들었다.

몇가지 팁

장소

우리는 모임 장소를 지역의 시립 도서관과 교육청의 회의실을 사용했다. 그런데 보통 공공 기관의 경우 연 단위로 행사나 교육 프로그램 계획이 수립이 되기 때문에 미리 준비하지 않으면 원하는 날짜에 모일 수 있는 장소를 확보하지 못할 수도 있다. 게다가 선생님들은 요일에 많이 민감해하신다. 그렇기 때문에 새학기가 시작되기 전 미리 장소를 섭외하여 최대한 선생님들께서 원하는 날짜에 토론이 진행될 수 있도록 하는 것이 좋다.

공문

일과 후 진행되는 독서 모임은 개인적 활동이기 때문에 공문이 필요없어도 된다고 생각할 수 있다. 그런데 생각보다 공문을 요구하시는 선생님들이 많으셨다. 아무래도 일과 후 이루어지는 활동이더라도 그것에 대한 명분과 가치를 부여하고 싶은 마음들이 있으셨던 것 같다. 지역 교육지원청의 장학사님께 협조를 구하면 잘 정리해서 공문으로 발송해 주신다.

그리고 공문을 통해 희망하시는 선생님들의 신청을 받으니 미리 규모를 짐작할 수 있고, 책이나 간식 같은 것을 준비하기가 수월했다.

톡방

톡방은 운영하는 것이 좋다. 제천 뒤끝은 유치원부터 고등학교까지 급간이 다양하고, 서로 간에 개인적 친분도 없는 경우가 많기 때문에 소속감을 느끼기가 어렵다. 그렇다고 비경쟁 방식으로 토론을 하다보면 자신의 삶을 오픈해야하는 경우도 있는데 공동체에 대한 소속감이 없다면 안전하다고 느끼지 않아 제대로 토론이 진행되지 않을 수도 있다. 그래서 톡방은 우리가 어느 공동체에 속해 있다는 최소한의 근거가 되어 준다. 톡방을 운영하면서 생각보다 그 효과가 크다는 것을 느꼈다.

어떻게 지속할 수 있었나?

앞에서 언급했던 2017년에 있었던 제천의 독서 모임은 1년을 넘기지 못했다. 하지만 뒤끝은 2년을 넘어 3년 차를 준비하고 있다. 그 힘은 과연 어디에서 온 걸까?

첫 번째 이유는 책이다.

뒤끝에 오면 최소한 책 한 권은 받을 수 있다. 게다가 식사를 대용할 수 있는 간단한 간식도 제공된다. 진행자의 스타일에 따라 공동체 놀이 때 선물을 받을 수도 있다. 선생님들 사이에 뒤끝은 책 주는 독서 모임으로 소문이 나 있다고 한다. 실제로 좋은 책을 한 권 받을 수 있다는 사실이 뒤끝에 나오는 가장 강력한 이유라고 고백하시는 선생님들도 계셨다. 그렇다면 뒤끝은 어떻게 예산을 마련했지?란 질문이 자연스럽게 떠오른다. 첫해인 2019년에는 책사회에서 교육청에서 받은 예산을 지원해 주셨다. 2020년과 2021년은 교육청 공모사업에 지원을 해서 선정이 되었다.

운영진 선생님들이 조금만 준비를 하시면 예산을 마련할 수 있는 방법은 굉장히 많다. 요즘은 전문적학습공동체, 연구회 등 교사 공부모임을 굉장히 적극적으로 권장하고 있기 때문에 예산 지원받는 것은 크게 어렵지 않다. 문제는 기획안과 보고서를 누가 작성하느냐인데 운영진 내에서 긴밀하게 협의한다면 해결할 수 있다.

두 번째 이유는 느슨함이다.

뒤끝은 굉장히 느슨한 모임이다. 우리는 끝나고 소감을 발표하거나 기록을 남기는 일이 없다. 물론 최근에 운영진들 사이에서는 최소한의 기록이라도 확보해야 할 필요성을 느끼고는 있지만 그것은 운영진의 문제이고 참여하시는 선생님들은 그런 부담이 없다. 또 공공연하게 부담스러우시면 책을 읽지 않고 오셔도 된다고 이야기를 한다. 한 예로 선정도서가 디킨스의 두 도시 이야기였던 적이 있는데 토론 중 어떤 모둠에서는 그 책을 읽고 온 사람이 한 분도 없었다. 그럼에도 불구하고 굉장히 재미있는 이야기들이 많이 나왔다.

그리고 뒤끝은 업무 관련성이 있는 책은 극도로 피하는 편이다. 물론 잘되지는 않지만 여기서 만큼은 학교에 대한 스위치는 끄고 오롯이 한사람의 개인으로서 다른 사람들을 만나고 싶은 욕구들이 있는 것 같다. 뒤끝은 그러한 태도와 마음을 온전하게 수용한다.

세 번째 이유는 연대이다.

처음보다는 줄기는 했지만 모임을 기획하고 준비하는 운영진이 있다. 서로 역할을 나눠가면서 하기 때문에 부담은 확실히 적다. 게다가 뒤끝을 진심으로 사랑하시는 열정적인 분들이 운영에 큰 도움을 주고 계신다. 2년을 함께 지내 오면서 서로 간에 신뢰가 생겼고, 운영진끼리는 서로가 서로에게 견고한 안전지대가 되어 주고 있다는 생각을 공유하고 있다. 그렇기 때문에 누군가 지쳤다는 이유만으로 중도에 포기하게 되는 일은 생기지 않을 것이다. 그 고비는 이제 충분히 넘었다고 생각한다.

어떤 과제가 남았나?

『90년생이 온다』가 주제 도서였던 적이 있다. 그 때 꽤 많은 분들이 참여하셨음에도 불구하고 90년대에 출생하신 선생님들이 한 분도 계시질 않았다. 대부분의 젊은 세대들은 이러한 오프라인 독서 모임을 불편해 한다는 것을 알게 되었다. 어떻게 하면 젊은 교사들도 매력적으로 느낄 수 있는 모임이 되게 할 수 있을지 고민해야 한다.

처음에 열심히 참여하셨던 선생님이 모임에 더 이상 나오지 않으셨다. 이유를 여쭤보니 자신의 독서 취향이랑 뒤끝이 잘 안 맞는다고 하셨다. 이분은 독서를 굉장히 즐겨하시기는 한데 책을 깊이 분석적으로 해석하는 것에서 독서의 즐거움을 느끼신다. 비경쟁 스타일이 안 맞을 수도 있을 것 같았다. 그렇다면 독서를 통해 얻고자 하는 즐거움이 다른 사람들이 어떻게 비경쟁 독서토론 안에서 함께 읽을 수 있을지에 대해서도 고민해야 한다.

제천 책교사 뒤끝 비경쟁 독서토론 엿보기

주제도서: 『90년생이 온다』 (2020년 7월)

2020년은 코로나19로 인하여 비경쟁 독서토론도 활발한 활동을 할 수 없었다. 그러나 어렵게 장소를 섭외하고 완벽한 방역 후 조심스럽게 모였다. 오랜만에 얼굴을 직접 보고 많은 이야기를 나누었다.

이날 진행을 맡은 박○은(명지초) 교사는 소통의 장 열기부터 토론 진행과 맺음까지 원활하고 재미있는 비경쟁 독서토론을 만들었다.

◦ 비경쟁 독서토론 진행 개요

1. 사회: 박○은(명지초등학교)
2. 들어가기 – 소통하기 – 몸풀기(스타와 팬클럽)
3. 여는 시 – 접기로 한다. (박영희)
4. 비경쟁 독서토론 소개
5. 책 소개
6. 비경쟁 독서토론 진행 – 3번의 모둠 토론 후 본 모둠에서 정리
7. 발표

〈모둠 토론 녹취록〉

우리는 5모둠으로 나누었다. 다음 녹취는 각 모둠을 순회하며 총 세 번의 토론을 정리한 것이다.

▶ **모둠 1 토론 정리 – 첫 번째 토론**

모둠장: 책에 대한 느낌과 생각 키워드 등에 대한 생각을 자유롭게 나누어 달라.

교사 1: 이 책 내용 중 공무원에 목매는 젊은이들에 대해 묘사된 부분이 공감되고 그 이유가 타당하게 나와 있어 이해가 쉬웠다.

교사 2: 90년생의 차별점에 관한 서술이 있는데 나와 다르지 않다. 90년생이라고 특정 지어 나누는 것이 의미가 있나?

교사 3: 83년생이이다. 공감되었다. 학교에 신규교사가 오면 세대차를 느낀다. 표로 정리된 특징이 공감되었다.

교사 4: 우리 아이가 95년생이다. 이야기하면 세대 차를 느낀다. 지각 등 규칙을 중요하게 여기지 않는다. 같이 힘든 것은 좋은데, 나만 힘든 것은 못 참는 세대라고 본인이 이야기했다.

교사 2: 성실하다가 덕목인 시대에서 자란 우리와 다르다. 성실, 근면, 인내가 덕목인 시대가 이제는 아니다. 지금 젊은이들은

243

합리적이다.

교사 4: 동료교사가 90년생인데 '불의는 참아도 불이익은 못 참는다'라고 이야기해서 생경했다.

교사 1: 걱정이다. 불의를 참지 않고 토론하고 바꾸어야지 사회가 바뀌는데.

교사 4: 조직을 위해 참았는데, 요즘은 그렇지 않다.

교사 3: 단체가 굴러가려면 참아야 하는데 젊은 사람들은 그렇지 않다.

교사 4: 같이 대화와 이해를 해야 하고 공감해야 한다.

교사 1: 우리 나이 때 사람들과 이야기하다 보면 젊은이들이 합리적이지만 칭찬해 주기는 싫다. 왜 우리 때와 다를까? 가 아닌 그들의 합리적 생활 태도를 언제쯤 마음을 열고 칭찬해 줄 수 있을까?

교사 2: 요즘은 세대, 젠더 갈등이 매우 심하게 느껴진다. 화합할 수 있는 방법은 없는가?

교사 4: 우리 조직은 오히려 90년 생에게 일이 많이 몰려 안타까운 마음이 많다.

모둠장: 90년생에 대한 불만과 특징, 안타까움 등을 이야기했다. 우리의 첫 번째 질문을 무엇으로 하였으면 하는가?

교사 1: 주로 세대 차에 의한 갈등 상황을 이야기 많이 했다. 해결할 수 있는 방법과 마음 열기에 대해 질문하고 싶다.

모둠장: 그렇다면 우리의 질문은 '세대갈등의 해결방법은?' 으로 정하겠다.

▶ 모둠 3 토론 정리 - 두 번째 토론

모둠장: 우리 모둠의 첫 번째 질문은 꼰대는 무엇이 잘못인가? 였다.

교사 1: 우리 모둠의 질문은 꼰대는 다 잘못된 거냐는 질문 또는 꼰대는 모두 이해해야 하는가와 상통하는 질문 같다.

교사 2: 함께 사는 게 어렵긴 하더라. 얌체 같은 친구를 보면 힘들지만 지적할 수는 없다. 지적하는 순간 꼰대가 된다. 다리 놓아주는 중간 세대가 필요하다.

교사 3: 세대 양극화가 심하다. 적절한 조화가 필요한 시점이다.

교사 2: 이야기 해 보면 90년대생들의 이야기가 맞으나 인정하기가 힘들다.

교사 4: 우리 세대는 우리가 누릴 수 있는 권리도 많지 않았지만, 권리가 있다 하더라도 조직을 위해 사용하지 않았다. 지금은 권리니까 무조건 쓴다. 그렇다 보니 주변 교사들에게 피해를 준다. 그렇다면 해결 방법은 제도적으로 보완해 주어야 한다. 그것 없이 권리를 누리게 하면 세대 간 갈등이 생길 수밖에 없다.

모둠원: 학교의 권리에 대한 다양한 법적 제도에 관해 이야기하였다.

교사 6: 무엇인가를 노력한 결과에 대해 80년생은 좋은 일 했네. 회비나 내주자, 라고 말하고 70년생은 좋은 일 했구나, 지원해 주자, 라고 이야기하며 90년생은 좋다. 그냥 누리자고 한다.

교사 2: 90년생은 본인에게만 불합리하면 개선하려고 하다.

교사 5: 이 책에서 느낀 것은 무소속이다. 소속 없이 90년생은 그저 SNS에 올리기만 한다. 좋으면 그냥 누른다. 조직화한 집단이 아닌 개인의 의견을 단순하게 표시한다.

교사 3: 개신이 되려면 조직화힌 힘의 변화가 필요하디. 이런 식의 단순 의사 표현은 흐름을 바꾸지는 못한다.

교사 3: 논점이 이리저리 흘러 다니나 전체적으로 꼰대와 90년생에 대한 견해차가 많다.

교사 2: 기성세대의 견고한 조직은 발전을 저해하기도 한다. 그것
도 생각해 봐야 한다.

모둠장: 다양한 이야기가 나왔다. 우리의 질문은 어떻게 할까?

교사 2: 90년생의 무소속감과 참여의식의 부재가 크게 와 닿았다.
90년생의 무소속감 어떻게 바라보아야 하나? 로 하자.

▶ **모둠 5 토론 정리 - 세 번째 토론**

모둠장: 우리의 질문은 무조건 90년대생의 특성을 이해하고 받아들여
야 할까? 이다. 질문 자체가 부정적이나 90년생은 케이스 바이 케
이스인 듯하다는 의견이 있었고, 이 질문을 계기로 본격적으로 90
년생에 대한 성토를 해 보았다.

교사 1: 환경과 시대가 사람을 만들어 낸다. 90년대 생은 시대가 만
들어 낸 결과인 것 같다.

교사 2: 제가 만난 90년대 생은 정치에 관심이 너무 없다.

교사 1: 포럼에 갔을 때 만난 90년대생은 그렇지 않아 기억에 남는
다. 그들은 국제적 정치에 관심이 많아 놀란 적이 있다.

교사 3: 젊은 교사가 이기적인 경우를 보았다. 다른 사람에게 많은
피해를 줄 때 미웠다. 이기적으로 보였다.

모둠장: 나의 역할은 젊은 교사를 이끌어 주는 업무이다. 작년까지
는 무리가 없었다. 기본적으로 교사들은 모범생이기 때문
에 참는 성향이 있었다. 그런데 올해부터는 어린 교사들이
참지 않는다. 예를 들어 교과 업무 특성상 맡아야 하는데,
해 보지 않고 불만을 말해서 의아했다. 확실히 인내심은 없
는 듯하다.

교사 4: 그래서 '--는 참지않긔' 라는 말이 유행인가 보다.

교사 2: 선배 교사들은 상처를 많이 받는다.

교사 3: 자신의 잇속을 참 잘 챙긴다.

교사 1: 부모님 세대는 저녁이나 먹지 라고 할 때, 우리는 정확한 시간을 이야기하고 90년대생은 각자 먹자고 이야기한다.
우리는 출장비를 몰랐지만, 그들은 정확히 안다. 좋은 현상이지만 그들이 조금 얄밉긴 하다.

교사 2: 그렇다면 우리의 공동체는 과연 유지가 될까에 대해 의문이다.

모둠장: 이것을 질문으로 하겠다. 공동체에 관한 질문, 과연 잇속 좋은 사람들과 공동체가 유지가 될까?

▶ 비경쟁 독서토론 정리 및 예고

3 모둠장: 첫 번째 질문인 '세대 갈등의 해결방법은?'은 많은 선생님이 원래 있었던 고전적 질문으로 많은 해결 방법을 이야기해 주셨다. 늘 있어 온 세대 갈등이 우리나라의 급격한 변화로 인대 특히 심해진 경우이다. 지금 아이들을 불쌍하게 보자. 현재는 코로나19에 취업이나 학업이 힘들고 태어날 때는 IMF 상황이었다. 이 세대가 이렇게 만들었다. 그들의 이야기를 들어보는 게 좋다. 맥락을 파악하고 그들의 합리적 능력을 활용해야 한다. 라고 이야기했다.

두 번째 질문은 '내가 꼰대라고 느낀 순간은?'이다. 이 질문에서 교사들은 명료한 정의를 내려 주었다. 꼰대가 되지 않으려면 잔소리를 하지 말아야 하는데, 길게 말하지 않아야 하며 맞는 말인데 기분 나쁘면 잔소리이고, 수긍하면 잔소리가 아니다. 라고 했다. 시간이 지나면 누구나 꼰대가 된다. 꼰대가 되지 않기 위해 조심해야 한다.라고도 했으며 먼저 다가가지 않고 기다려야 한다고도 했다.

한 권의 책으로 다양하고 재미있는 토론을 했다. 즐거운 시간을 가져서 감사하며 다음 토론 시간에 다른 책으로 뵙고 싶다.

충주 비경쟁 독서토론 모임 '퐁당'

퐁당 운영자: 충주 목행초 교사 고금자
인터뷰 진행: 청주 성화초 교사 조원희

| **모임 이름은 무엇인가요? 계속 '퐁당'인가요?**

네 퐁당은 '책에 가벼운 마음으로 빠져 보자'라는 의미를 담고 있어요. 부르기 쉽고, 마음에 여운을 남기는 것 같아 개인적으로 애착이 가요.

| **퐁당은 어떻게 시작되었나요?**

2017년 여름방학 때, 이경근 선생님(책읽는사회문화재단 이사)의 비경쟁 독서토론 연수를 듣게 되었어요. 이 때 비경쟁 독서토론을 처음 접한 거였죠. 어렵게만 느껴졌던 토론을 이렇게 쉽게도 할 수 있구나. 책을 읽고 생각을 나누니 이렇게 큰 생각이 만들어지는구나. 집단지성의 힘을 강하게 느낀 순간이었어요. 같은 그룹에서 함께 토론했던 강선희 선생님(국원초)이 충주에서도 만들어 보자셨고, 첫 운영자님이 되어 그해 2학기부터 충주에도 비경쟁 독서토론 모임이 만들어져 운영 되었어요. 이경근 선생님이 불씨가 되고, 강선희 선생님이 불쏘시개가 되어 시작된 것이죠.

모임 준비와 진행은 어떻게 하나요?

중원교육문화원의 '중원책깨비 독서교육 자율기획연수'에 저희 기획안이 채택되어 모임 준비는 중원교육문화원 연구사님의 도움을 받고 있어요. 모임에 필요한 재료 및 도서도 지원해 주시니 너무 고맙죠. 모임 공지는 단톡방을 이용해서 하고, 진행은 모임 샘 중 원하는 분이나 제가 해요.

간단한 놀이로 아이스브레이킹을 하고, 읽은 책에 대해 간단히 얘기 나눈 후, 소그룹으로 나누어 토론하며 질문 만들기를 2~3차례 하지요. 전체 같이 이야기 나누며 성찰의 시간을 갖고 비블리오 배틀 및 안내를 한 후 모임을 마쳐요.

보통은 선생님들과 이렇게 책모임을 하고, 한 해 모임을 시작하는 첫 시간은 강사님을 모시고 비경쟁 독서토론에 듣는 시간을 가져요. 해마다 이경근 선생님이 오셨어요. 들을 때마다 새로운 느낌이라서 늘 좋았어요. 올해는 충주에 계신 비경쟁 독서토론으로 소모임하시는 선생님을 모시고 이야기를 들을 예정이에요.

비블리오 배틀은 책 추천 방법이지요? 책은 어떻게 고르세요?

함께 읽고 싶은 책을 간단한 소개와 함께 추천한 후, 다수결에 의해 선정해요. 단톡방에 추천책을 올리고 설문을 통해 선정하기도 하고요.

좋았던 책을 꼽으신다면요?

함께 읽었던 책들이 모두 좋았어요. 어떻게 그럴 수 있는가 싶어요. 아마도 그 책들 속에서 나름의 의미, 질문들을 찾고 생각을 나눴기 때문이겠죠.

249

특히 개인적으로 기억에 남는 책은 '내 영혼이 따뜻했던 날들'(포리스트 카터, 아름드리미디어)요. 따뜻한 가르침이 마음에 오랫동안 울림을 주는 책이었어요. 토론 후 선생님들의 반응도 뜨거웠고요.

퐁당퐁당 책에 빠져 있는 충주 독서모임

| 모임이 주는 힘은 무엇인가요?

퐁당의 힘은 충전&성장요. 책을 통해, 내가 미처 생각지도 못한 책을 통해 나와 주변을 성찰하고, 위로 받고, 생각을 나누며 더 큰 생각을 하게 되죠. 혼자서는 이룰 수 없죠.

| 초창기부터 운영을 맡고 계시지요?

처음 만든 강선희 선생님께서 다른 지역으로 가게 되셨어요. 비경쟁 독서토론이 없어지는 것은 너무 아쉽잖아요. 선생님 오실 때까지 대신 해야겠다하면서 2018년부터 맡아오고 있어요. 제가 책을 엄청 많이 읽거나 좋아하는 사람은 아니에요. 토론은 어렵고 거리가 멀게 느껴졌지는데 우연히 본 비경쟁 독서토론이라는 글귀가 남달랐고 이유는 모르지만 끌려서 연수 신청하게 되었어요. 연수를 들었는데 체험을 해 보니 너무 신세계인거예요. 토론을 이렇게 쉽게 재미있게 할 수 있구나. 책을 읽으면서 질문이 중요하구나 했어요. 이런 모임이 청주, 제천에 있다는 이야기 듣고 왜 충주에는 없을까 싶더라고요. 같은 모둠이었던 선생님들이 비경쟁 독서토론이 정말 좋다고 이 모임이 지속되었으면 좋겠다고 하셔서 계속하고 있는 것이지요.(웃음)

| 기억에 남는 때가 있다면요?

고백하건데 저는 어제 일도 기억이 안 나요. 하루살이처럼 오늘 하루만 살죠. 기억에 남는 때는(머리를 쥐어짜는 중) … 2020년 퐁당을 마무리하며 선생님들이 남겨주셨던 응원의 메시지들을 봤을 때요. 부족한 제게 큰 위로가 되었어요.

| 선생님들이 남겨 주셨던 응원의 메시지가 궁금해요.

'지난 3년간 퐁당은 저의 숨터였어요. 퐁당을 같이 해온 한 선생님의 **글**이 외 닿았어요. 이미 **퐁당**에 침여하는 많은 신생님들의 마음이지 않을까 싶어요. 미친 듯이 바쁘게 돌아가는 학교생활 속에서 잠깐 '멈춤'하고, 생각하고, 얘기 나누고, 돌아

볼 수 있는 시간이, 그래서 '살아 있구나' 느낄 수 있던 곳이 퐁당의 시간이었던 것 같아요.

| 모임하면서 위기의 순간도 있었을까요?

큰 위기의 순간은 없었던 것 같아요. 누구에게나 그랬겠지만 코로나19로 인해 작년이 좀 당황스러웠죠. 온라인으로 비경쟁 독서토론을 처음 이끌었는데 제가 워낙 기계치다 보니 진행에 어려움이 있었죠. 선생님들의 도움으로 그래도 그 와중에 비경쟁 독서토론을 했네요.

| 앞으로의 바람이 있으시다면요?

내년에는 꼭 새로운 운영자가 나오기를! 하하하.

그리고 또 하나, 책에서 보면 북유럽 같은 곳에는 동네에 독서토론 모임, 책모임이 마치 친구들 만나서 하는 소모임처럼 많은 것 같더라고요.

이런 책모임이 학교에서 뿐만 아니라 일반 시민들 사이에도 많아졌으면 참 좋겠어요.

독서모임하면 벽이 높아보이지만 막상 해 보면 누구나 할 수 있는 것인데. 기회가 많이 주어진다면 저처럼 책에 그렇게 관심 없는 사람도 어느덧 운영자가 되어 있잖아요.(큰 웃음) 그런 것처럼 이런 소모임이 많이 퍼져나갔으면 좋겠어요.(독서운동차원에서 앞장서기를 당부하시면 옆에서 돕겠다고 하셨어요)

| 더 하고 싶은 이야기는요?

인터뷰 질문에 답을 하다 보니 나도 모르게 퐁당의 시간을 돌아보게 되었네요. 퐁당 모임에 함께 해 주신 선생님들께 늘 감

사해요. 선생님들이 계셔서 이 모임이 지금까지 올 수 있었고, 또 저도 함께 성장할 수 있었어요. 2021년도 파이팅!

2021.3.13. 토요일 늦은 8시부터 9시. 전화 인터뷰 진행.

비경쟁 독서토론
함께 이야기 나누다

김은주

(청주교육지원청)

교사+교육청+시민단체 대담

　에머슨(사상가, 철학가)은 "같은 책을 읽었다는 것은 사람들 사이를 이어주는 소중한 끈이다."라는 말을 하였다. 책을 매개로 비경쟁 독서토론을 통해 서로 인연이 되어 만남을 이어가고 있는 사람들이 오랜만에 한자리에 모였다. 길게는 7~8년 전부터 알고 지낸 이부터 그 사람을 통해 또다른 사람을 만나고 같이 책을 함께 읽으며 시간의 층을 쌓아간 사람들이다. 평소에 사적인 모임으로 만나기도 하고 독서모임을 통해 한 달에 한

255

번 만나기도 한다. 지역적인 한계로 전화만 하고 대면은 하지 못해도 서로의 소식을 꾸준히 접하고 있던 상황이었다. 특히 코로나19로 인해 온라인을 통해 연락을 해 오다가 누군가가 그 동안의 활동도 궁금하고 이제까지 해 온 비경쟁 독서토론 활동의 의미를 한번 되짚어 보자는 제안을 하였고, 코로나19가 잠잠한 시기를 틈타 모임이 성사 되었다. 과연 먼 곳에 있는 분들이 올 수 있을까 걱정했는데, 서울에서 제천에서 한걸음에 달려온 이들을 보며 놀라웠고 반가움은 한층 더했다. 처음 만남에 대한 소소한 회상에서부터 시작하여 민·관·학의 협업과 역할, 교사의 자발성, 지속 가능 방안이라는 거대한 주제에 이르기까지 자연스럽게 이어졌다. 얼굴을 보는 것 자체만으로도 기분 좋았던 우리들의 이야기는 이렇게 펼쳐졌다.

교사+교육청+시민단체 대담

- 사회: 김현미(남평초 교사)
- 참석: 이경근(책읽는사회문화재단 이사), 임광운(책읽는사회문화재단 간사), 김명희(현 용암중, 전 송면중 교사), 염정애(단양교육지원청), 조종현(봉정초 교감), 김은주(청주교육지원청 장학사)
- 기록: 신예지(오선초 교사)
- 사진 · 동영상 촬영: 이동진(세명고 교사)

김현미: 비경쟁 독서토론의 과거와 현재, 미래를 같이 이야기하기 위해 모였습니다. 그동안 함께 활동했던 분들을 모시고 이야기를 나누어 보고자 합니다.

우리의 시작은 초롱이네 도서관에서의 만남인 것 같아요. 그래서 첫 질문은 임광운 간사님께 우리를 왜 모이게 했는지, 왜 이 시골 청주까지 내려와서 우리를 모았는지를 물어보고 싶습니다.

임광운: 누리교육과정이 시작되던 시기였던 것 같아요. 충청북도에서 책날개운동 연수를 꽤 오랫동안 진행해 왔다고 이야기를 듣고, 어떤 분께 김영애 선생님 이야기를 듣게 되었어요. 처음엔 초롱이네 도서관에서 김명희 선생님, 김현미 선생님과 몇몇 선생님들을 만났는데, 사실 저희도 무슨 이야기를 해야 할지 잘 몰랐어요.

김명희: 충북에서 독서교육을 열심히 하고 있는 선생님들이 많으시지만 실제적으로 운영이 잘 되고 있지 않은 것 같다는 위기의식에 대해 김영애 선생님과 이야기를 나누었습니다. 책사회 간사님과 이사님을 통해 다른 지역에서 청소년을 대상으로 비경쟁 독서토론을 크게 진행한다는 이야기를 듣고 감동되었어요.

김현미: 초롱이네 도서관 모임에서 분기별 워크숍을 진행하기로 결정하고 연간 4번의 워크숍을 진행했는데, 워크숍은 어땠는지요?

염정애: 첫 워크숍에서 진행을 맡았어요. 이전 모임을 안 가서 첫 워크숍의 사회자로 정해졌다고 하더라구요. 이전에 독서 모임이나 토론을 진행해 본 적이 없어서 당황했지만 놀이에는 자신이 있었어요. 지역 도서관, 작은 책방에 대한 이야기가 굉장히 신선했고 제천에서 책모임을 하고 계신 열정적인 선생님들의 이야기를 들으며 "나도 배워야겠다. 곳곳

257

에 열정적인 선생님들이 숨어 계셨구나"라는 것을 느꼈어요. 함께 읽기를 경험하며 생각이 커지고, 4번의 모임 속에서 나조차도 낯선 나의 모습을 보게 되었구요

김현미: 4번의 워크숍에 100여 명의 선생님이 참여해 주셨는데, 지켜보시던 이경근 이사님은 어떤 생각이 드셨는지?

이경근: 굉장히 놀라웠어요. 일단 초롱이네 도서관에서 김밥, 사발면을 나누어 먹으면서 서로 왜 모이는지는 모른 채 계속 만났어요 책날개 연수를 계속 하고 있었는데, 지금 예산 지원이 끊겨서 못하고 있는 고민을 선생님들에게 나누었어요. 예산이 끊겨서 진행하지 못하고 있었던 연수를 선생님들과 함께 기획하고, 연수에서 끝내지 말고 후속 모임까지 진행해 보자는 의견이 모아졌고 연수로 끝내지 말고, 연수를 하는 자리에서 후속 모임 신청을 바로 받자고 했어요. 첫 연수에 굉장히 많은 선생님들이 모이셔서 너무 깜짝 놀랐어요

임광운: 이름만 들었던 선생님들이 다 이곳에 모여서 모두가 놀랐던 기억이 나요

이경근: 이렇게 모인 연수가 계속 이어지다 충북 세상질문까지 연결되었구요. 충북 선생님들에게 놀란 점은 선생님들이 뜬구름 잡기 같은 우리의 이야기에 대해 내빼거나 안 된다는 분이 안계시고 일단 해 보지 뭐 하는 마음가짐이 놀라웠어요

김현미: 이렇게 4번의 워크숍이 진행되었고, 마르지 않는 '옹달샘'이라는 모임의 이름까지 결정이 되어 매번 워크숍마다 100명이 넘는 선생님들이 모이지만, 워크숍이 확장되지 않는

258

느낌이 있었어요. 그래서 세상질문을 만들게 되었습니다. 세상 질문의 초대 회장인 김명희 선생님, 교사들에게 세상 질문 비경쟁 독서토론은 어떤 의미가 있었을까요?

김명희: 저는 약간 날라리였다는 걸 자백하면서 이야기를 시작해볼 게요. 참 놀라웠던 건 크게 두 가지였는데요. 먼저 선생님들이 자신에 대한 욕구가 굉장히 강하다는 걸 느꼈어요. 학교 생활과 일상을 속에서 이렇게 모이는 게 쉽지 않은데 많은 선생님들이 이렇게 모이는 게 놀라웠어요. 함께 모여서 다른 선생님들의 이야기를 들으며 사람에 대한 신뢰가 커지고, 늘 힐링이 되는 느낌이었구요. 이경근 이사님과 임광운 간사님은 "충북이 놀라웠다"고 말씀하셨지만, 내 생각에는 고도의 계산된 헐렁함이 있지 않나 생각이 들어요. 늘 대충해요, 몰라요, 라고 말씀하셔도 전국 곳곳을 다니시는 가운데 자신을 내세우지 않는 모습이 존경스러웠어요.

그리고 중등 교사로서 나도 모르게 초등 교사는 초등 교사답고, 중등 교사는 중등 교사답다는 생각을 가지고 있었던 것 같아요. 세상질문에서 초등 선생님들을 만나며 자기 성찰, 지적인 욕구가 굉장히 강하시고 정말 치열하게 토론하는 모습과 아이들을 바라보는 관점과 고민의 지점이 너무 깊어서 정말 감동받았어요. 사실 이런 이야기를 다른 곳에서 말하지 못했지만 함께하는 옹달샘 선생님들 보면 굉장히 감동스럽고 함께하고 있다는 게 자랑스러워요.

김현미: 책사회에서 사회를 보기로 했는데 폭풍우가 붙어서 참여를 못하셨던 날이 있었어요. 사회를 보기로 했던 이사님, 간사님이 못 오시자 행사가 난리가 났어요. 염정애 선생님이 급하게 즉석 사회를 보았지만, 이번 기회로 우리가 너무 책사

회에 의존하지 말고, 우리 스스로도 행사를 운영할 수 있도록 독립을 하자!라는 말이 나왔어요.

이경근: 여기는 무슨 이런 사람들이 있나. 이런 문제가 있었는데도 이렇게 다 진행을 할 수 있는지 너무 신기했어요. 행사가 끝나고 김현미 선생님으로부터 "우리가 이제 책사회로부터 독립을 해야겠다"는 말을 들었을 때 충북은 이제 다 되었다는 생각이 들었어요. 우리는 늘 도움을 주는 역할 정도만 하는 것이라고 다른 지역에도 말씀을 드리는데, 충북은 선생님들 스스로 독립을 선언하시는 걸 보고 놀라웠어요.

김현미: 선생님들의 힘으로 충북 비경쟁 독서토론 한마당을 열어보자고 의견을 내었고 그 시기에 조종현 장학사님을 만나게 되었어요. 저희들을 처음 만났을 때 어떠셨나요?

조종현: 선생님들과 함께하면서 선생님들이 참 대단하는 생각이 들었어요. 개인적으로는 선생님이 되기를 희망하는 딸들이 있는데, 딸들이 교사가 되었을 때 지금보다 좋은 환경에서 아이들을 가르치면 좋겠다는 생각을 했어요. 또한 전문직으로서 선생님들이 노력하시는 것에 대해 날개를 펼칠 수 있게 장을 열어드리는 역할을 해야겠다는 다짐을 했어요.

김현미: 시민단체의 입장에서 충북의 선생님들과 함께 비경쟁 독서토론을 진행하면서 어떤 생각이 드셨는지요?

임광운: 당시 선생님들의 진행 과정을 지켜보면서 여러 가지 어려운 상황이 있는 것 같았어요. 옹달샘 선생님들과 매달 주기적으로 만남을 하면서 이 분들이라면 모두 잘 할 수 있을 것 같

아서 장학사님께도 "선생님들 믿고 걱정하지 마시라"고 말씀을 드렸던 것 같아요. 누구도 앞에 나서지 않지만 누구도 쉬지 않는 선생님들을 보며, 크게 걱정하지 않았어요

이경근: 누가 시키지 않아도 항상 자발적으로 자기 역할을 하는 선생님들의 모습에 놀랐어요.

김현미: 처음 사회를 보셨던 김명희, 염정애 선생님에게는 비경쟁 독서토론이 어떤 의미가 있는지? 지도 교사로 참여하셨던 이동진 선생님에게는 어떤 의미가 있는지요? 모두 청주와 제천 지역에서 교사 독서모임을 하고 있어요 이분들 모두.

염정애: 그때는 우리가 프로그램을 만들기 까지는 소극적이었어요. 공동체 놀이부터 행사 마무리까지 김명희 선생님과 둘이서 준비했어요. 행사 후 집에 도착했을 때는 완전히 녹초가 되었지만 "너무 행복했다"는 아이들의 소감문을 보며 교사가 조금만 노력하면 아이들에게 이렇게 행복한 추억을 남겨줄 수 있다는 생각을 했어요. 또 충북 비경쟁 독서토론의 첫행사를 진행했다는 뿌듯함도 있었구요. 몸은 피곤했지만 많은 것을 배웠던 2017년이었어요.

김명희: 학교에서 매달 북카페를 하고 있었기 때문에 비경쟁 독서토론 한마당을 한다고 했을 때 신청자가 너무 많았어요. 즐거워하는 아이들을 보며 저도 정말 즐거웠어요. 작가와의 대화 후에 작가님들도 너무 좋았다고 말씀하셨고 아이들이 너무 좋아하니 저도 덩달아 신나고 행복했어요.
　그리고 행사 중 선생님들을 돌아보면 어디선가 꼭 무언가를 선생님들이 하고 계셨어요. 도움이 필요한 상황에는 꼭

누군가 분주히 움직이면서 그 역할을 하고 계셨어요.

이동진: 이전까지는 학교 활동만 하고 외부 활동을 많이 하지 않았는데 인문지원단 활동을 하면서 새로운 경험을 많이 하게 되었어요. 학교에서는 디베이트 중심의 토론을 많이 진행했었는데, 그때마다 교사로서 왠지 모를 찜찜함이 있었어요. 이런 토론이 아이들에게 어떤 성장을 줄 수 있을까 고민이 있었구요. 그런데 아이들의 비경쟁 독서토론을 보며 생각하는 힘을 길러지고 있다고 생각해요. 지금은 모든 토론 활동을 비경쟁 독서토론으로 진행하고 있어요.

비경쟁 독서토론과 디베이트 토론을 비교한 사진을 보면 디베이트 토론에서는 아이들이 모두 긴장하고 있고 서로를 안 바라보고 대본을 보는 경우가 많았어요. 반면 비경쟁 독서토론을 하는 사진을 보면 아이들이 모두 상대방을 바라보고 있고, 다른 친구의 이야기를 듣고 있는 게 너무 신기했어요. 국어 교사로서 수업의 흐름을 바꾸는 계기가 되었어요.

김현미: 저희에게 비경쟁 독서토론을 처음으로 알려준 책사회 관계자분들은 1회와 지난 2020년 비경쟁 독서토론을 지켜보며 어떤 점이 달라졌는지요?

임광운: 김해의 모형을 충북에 적용하려고 하니 걱정이 많았어요. (시간 안에 진행할 수 있을까?) 하지만 어디선가 각자의 역할을 열심히 하고 있는 선생님들 덕분에 행사가 잘 진행되었고, 그동안 선생님들과의 만남이 떠올랐고, 대단하다고 생각했어요.

이경근: 첫 회는 너무나 감동적이었어요. 흰 티에 청바지를 맞춰 입고

서로의 할 일을 찾는 선생님들, 서로 텔레파시가 통하는 것처럼 호흡이 척척 맞는 선생님들의 모습이 인상적이었고 그래서 그날 제가 찍은 사진에는 모두 선생님들이 담겨있어요. 그리고 충북이 다른 지역과 달랐던 부분은 일을 너무 즐겁게 하신다. 2시간, 3시간을 회의를 해도 여유를 가지고 즐기면서 하신다 였어요.

김현미: 아이들의 소감문을 보면 다들 행복했다고 합니다. 갑작스러운 코로나19로 인해 2020년에는 200명을 대상으로 한 행사를 과연 할 수 있을까? 어떻게 진행해야 하나 고민이 많았어요 그런데 선생님들의 회의 결과 비대면으로라도 진행을 하고 싶다고 했을 때 연구사님 기분이 어떠셨는지요? 당황하셨지요?

김은주: 당황스럽지는 않았고 선생님들이라면 할 수 있을 거라고 생각했어요. 교사 때부터 옹달샘으로 함께 했고, 그 과정을 지켜본 저로서는 시간이 많이 걸리고 노력이 더 들겠지만 하나하나 해결해 나갈 수 있을거라는 믿음이 있었어요. 다만 각자의 학교 생활도 바쁜데 처음 있는 상황이라 비대면을 위해 회의도 많이 하게 되고 준비할 것이 많아 시간을 많이 할애하게 된 상황이 선생님들에게 미안했어요. 저는 선생님들이 하시고자 하는 것을 적극 지원하면 되구요.

김현미: 비대면 독서토론은 처음으로 해 보았는데 그 소감이 어땠는지요? 함께 모둠지기로 활약했던 신예지 선생님, 이동진 선생님?

신예지: 모두 처음 겪는 상황이라 어렵지 않을까? 겁나기는 했어요.

안 되지 않을까? 하지만, 회의를 해 나가면서 하나하나 방법들이 생각이 나고, 많은 회의 속에서 이루어질 때, 우리가 모이면 모두 가능하다라는 것을 느낄 수 있었어요. 한번 비대면으로 토론을 해 보니 코로나19로 인해 줄였던 예산도 다시 세워서 학교 행사도 비대면으로 운영했어요 뭐든지 이렇게 지혜를 모으면 할 수 있구나라는 것을 체험한 거죠.

이동진: 평소보다 10배 이상의 에너지가 들었던 것 같아요. 가장 감동적인 장면은 토론 후에 패들렛에 소감문을 적으라고 했는데 모니터에 불꽃놀이가 일어나듯 아이들의 소감이 곳곳에 올라왔던 장면이 인상깊었어요. 비대면으로 했을 때가 대면으로 했을 때보다 아이들이 상대방의 목소리에 더 집중하려고 노력했던 것 같아요. 비경쟁 독서토론의 장점이었고. 온라인으로 비경쟁 독서토론을 진행하는 나름의 매뉴얼이 하나 생긴 것 같아요. 처음부터 끝까지 저희는 다해봤으니까요.

염정애: 2017-2018년은 학부모와 함께하는 독서 동아리를 운영했어요. 독서 동아리를 운영하며 에너지가 소진되지 않으려면 함께 도와줄 수 있는 2-3명의 선생님이 있으면 좋겠다는 생각이 들었어요. 행사를 이끌어 가는 교사가 너무 소진되지 않으려면 함께하는 교사 한 명, 한 명이 서로 힘을 내며 서로에게 의지하고 기대야 한다고 생각해요.

김명희: 비경쟁 독서토론을 접하게 된 건 정말 행운이라는 생각이 들어요. 이건 하나의 플랫폼이라는 생각해요. 행복 씨앗학교에서 일하며 비경쟁 독서토론을 이곳 저곳에 많이 활용했어요. 옹달샘 선생님들이 이 행사의 장점을 외부에서 확인을 받고 있고, 우리 스스로도 이 행사가 얼마나 가치 있는 행사

인지 잊지 않고 스스로 기억하는 걸로도 충분할 것 같아요.

이동진: 비경쟁이라는 플랫폼이 학교에도 자연스럽게 이루어지면
될 것 같아요. 선생님들이 비경쟁 독서토론이 좋다고 느끼
면 학교에도 자연스럽게 확산되구요. 함께 비경쟁 독서토
론으로 뭉친 선생님들이 지치지 않기 위해서는 잘 놀고, 잘
쉬는 게 정말 중요해요. 그래서 행사와 상관없이 사적으로
만나서 이야기도 나누고 놀았어요. 2018년 겨울에는 영동
노근리에 가서 함께 의미있는 시간을 보냈고, 2019년에는
제가 있는 제천에서 함께 워크숍도 하고 영화도 보고, 맛있
는 것을 먹으며 푹 쉬었어요. 그렇게 잘 쉬고 놀 수 있는 기
회가 많았으면 좋겠어요.

김은주: 선생님들을 만나면 항상 기분 좋고 늘 힐링이 되었어요. 저
에게 비경쟁 독서토론은 평생 친구를 얻게 해 준 고마움 그
자체이며 항상 좋은 에너지를 주었어요. 이런 경험들을 선
생님들이 먼저 경험해 보고 학생들과, 학부모님들과 함께
할 수 있도록 노력해야겠지요.

김현미: 오늘 우리들이 처음 만났던 날부터 이어져 온 비경쟁 독서
토론을 이야기하면서 예전의 행복했던 기억이 나서 좋았
어요. 그리고 오랜만에 반가운 얼굴을 볼 수 있어 행복했어
요. 오늘 멀리까지 와 주신 책읽는사회문화재단 감사드리
고, 오늘 기록하느라 고생한 신예지 선생님, 멀리 제천에서
사진과 동영상 촬영을 해 주러 온 이동진 선생님 고마워요.
4년 동안 함께 했고 앞으로도 같이 할 김명희 선생님, 염정
애 선생님 반갑고 고맙습니다. 이야기하다 보니 우리 참 행
복한 시간을 만들었네요 이것으로 대담을 마치겠습니다.

나누면서 함께 성장하게 만든
비경쟁 독서토론

김명희

'비경쟁 독서토론' 운영 방식을 제안하고 전국의 독서 활동을 교류시키느라 밤낮 가리지 않고 전국 팔도 안 가는 곳 없이 돌아다니는 이경근 이사님과 임광운 간사님. 시민사회단체의 녹록지 않을 상황을 어림하면서 저 분들 헌신의 원동력은 무엇일까 수시로 궁금했다. 깊은 존경과 감사를 드린다.

그리고 우리 이쁜 옹달샘 선생님들, 서로 낯선 환경 속에서 만났는데도 금방 따스하게 마음 열고, 자신이 가진 걸 아끼지 않고 내어놓아 만찬을 만들고 꽃을 피워주신다. 징검다리 한 발 한 발 내딛듯 정성스럽게 실천하면서 부쩍부쩍 비경쟁 독서토론, 독서운동을 키워나가는 옹달샘들. 곁에만 있어도 저절로 얻어지는 많은 팁들은 내 교단 생활의 훌륭한 자양분이 되었다. 깊은 감사와 존경을 드린다. 게으른 저에게 싫은 소리 한 마디 없이 원고 마감시키고 편집하느라 고생하신 김은주 장학사님께도 감사드린다.

김현미

비경쟁 독서토론을 만나기전 나에게 책 읽기는 원하는 것을 얻기 위한 수단이었다. 그러나 비경쟁 독서토론을 만나면서 나에게 책 읽기는 나눔이고 배려이고 소통으로 내 삶을 풍요롭고 너그럽게 해 주는 나의 일부분이 되었다.

매년 충북청소년비경쟁 독서토론을 준비하면서 이번에는 우리 친구들이 어떤 이야기를 풀어낼지 설렌다. 때로는 진지하게 때론 활짝 웃으며 서로 서로 바라보며 이야기를 나누는 모습에 나도 모를 행복감이 몰려 온다. 5시간이 넘는 긴 행사를 마친 아이들은 자리를 뜰 생각을 않고 이야기를 이어간다. 교사로서 벅차오르는 뜨거운 무언가가 느끼진다. 이 느낌이 너무 좋다.

염정애

학부모와 함께하는 동아리를 2년간 운영하고 글을 쓰기 위해 그간 세워 두었던 계획서, 안내장, 사진과 참가소감문을 살펴보면서 그때의 기쁨, 행복, 힘듦, 버거움 등 다양한 감정이 다시 생생하게 느껴지며 타임슬립되어 한 편의 드라마를 보는 듯한 현상을 느꼈다. 비경쟁 독서토론을 만나면서 '배우면서 성장한다'라는 말을 실감하였고, 교사의 일방적 가르침보다는 배움의 자세로 학습자와 눈높이를 함께하며 조력자가 되었을 때 교사로서의 보람이 더 크고 의미 있음도 느꼈다. 행복은 나눌수록 커진다는 말이 진부한 표현처럼 느껴지겠지만 그 말은 세상의 진리였다.

박고은

"우리가 아는 것은 한 줌 먼지만도 못하고 짐작하는 것만이 산더미 같
다. 그토록 열심히 배우건만 우리는 단지 질문하다 사라질 뿐."

― 파블로 네루다

존경하는 유정희선생님께서 제천을 떠나는 나에게 보내 준 편지 첫
문장이다. 나를 보면 "질문"이 떠 오른다고 하신다. "세상질문", "책교사
뒤끝" 회원으로 많은 선생님들을 만나 이해되지 않는 삶에 질문을 던지
고 고민되는 지점을 함께 해결해 나가며 조금씩 성숙한 시민이 되어 가고
있는 나를 만난다.

이동진

인문지원단 회의를 마칠 때면 가장 많이 듣는 말이 제천에서 청주까
지 오느라 고생했는데 또 어떻게 내려가냐는 걱정과 염려들이다. 당연히
나는 늘 괜찮다고 한다. 하지만 그 말들이 좋다. 마치 각본에 있는 듯 오
고 가는 말들 속에서 나도 이 팀의 일원이라는 따뜻한 소속감을 느낀다.
그래서 더욱 이번 작업에 함께할 수 있어서 영광이었다. 확실한 ID카드
를 발급 받은 기분이었다.

나도 윤동주처럼 별처럼 아름다운 이름들을 불러봐야지.

명희, 현미, 은주, 정애, 고은, 효진, 원희, 혜영, 예지, 기훈, 동진, 한
번 더 불러봐야지. 명희, 현미 은주, 정애, 고은, 효진, 원희, 혜영, 예지,

기훈, 동진.

김기훈

　잔뜩 책을 구입하고는 책을 쌓아두는 것으로도 마음이 푸근하다. 거의 대부분이 좋은 책이거나 좋은 책이라는 확신에 드는 책들이라 어떤 책을 먼저 읽을까 고르는 순간의 설렘이 좋다. 원래 책 읽기를 즐기지는 않았다. 막 성인이 되어서는 주로 세상을 이해하기 위한 책, 혹은 교양 있어 보이는 책을 (억지로) 읽었던 것 같다. 주변에 책을 즐기는 모임이 없었고 찾아보지도 않았다. 그런데 무궁화호 열차를 타고 대구-추풍령을 통근하며 책에 몰입할 수 있는 시간이 늘었고 좋아하는 동네 책방 독서 모임에 참석하면서 책을 즐기기 시작한 것 같다. 독서교육에 진심인 충북 마중물, 옹달샘 선생님들을 만난 것도 중요한 계기였다. 덕분에 책을 읽으며 기쁘고 행복하다.

　책과 연결될 때 더 좋은 에너지를 내놓는 사람들이 우리 학생들의 주변에 얼마나 될까, 없다면 내가 그런 사람이 되어야지, 그런 마음으로 독서 수업을 한다. 단 하나의 원칙, 책을 읽으라고 타박을 주기보다는 책 읽기가 좋아서 어쩔 줄 모르는 내 모습을 보여 주고 비슷한 기회를 준다. 그런 모습을 지켜보던 한 학생이 좋아하는 것으로 사람들과 교류하는 모습이 참 부럽다고 했다. 그 학생도 책이든 뭐든 좋아하는 일이 생기고 그것으로 사람들과 만나게 될 텐데, 우리가 도서관에서 비경쟁 독서토론을 했던 경험들이 그 바탕이 되리라 믿는다.

　'함께 책 읽는 즐거움 유전자'가 다시 살아나도록 자극을 준 선생님들 곁에 나란히 이름을 올려 책을 낼 수 있게 되어 영광이다. 이 글은 김기훈 수업의 '3판 n쇄' 시기까지를 잘 갈무리하고 '4판' 시기의 출발점 정도가 될 것 같다. 앞으로도 충북과 경북의 경계에 선 작은 학교가 잘 살아남아, 학생들과 함께 책 읽으면서 눈과 마음을 씻고 선을 넘나드는 용기를 얻게 되면 좋겠다.

조원희

그냥 두었으면 추억으로 지나갔을 이야기를 이렇게 남기게 되어 참 고맙다. 기억을 떠올리고 기록을 다시 살피고 무슨 까닭으로 그리 했는지 나누는 시간이 귀했다. 함께 모이고 비경쟁 독서토론 자리를 만들어간 시간만큼 책으로 묶어 가며 많이 배웠다. 둥글게 모여 책을 읽고 이야기 나누는 소식들이 여기저기에서 이어지길 바란다.

혼자 답을 찾기보다 함께 질문을 던졌으면 좋겠다.

임효진

몇 년간의 기록을 정리하며 처음과 지금을 계속 되돌아보았다. 마중물 씨앗이 되어 학생들과 동료 선생님들과 같이 비경쟁 독서토론을 하면서 책 읽고 소통하는 즐거움을 배웠다. 옹달샘 선생님들께 항상 많이 배운다. 함께라서 가능한 이야기, 꿈꿔온 이상이 실현되는 시간이었다. 모두가 성장하는 소중한 경험에 동참할 수 있어서 감사하다. 이 작은 기록도 누군가에게 씨앗이 되어 싹이 돋아나고 꽃을 피우는 날이 찾아오면 좋겠다.

정혜영

몹시 피곤해도 넷째 주 목요일 저녁에는 세상질문 모임에 간다. 낯선 선생님들과 책을 매개로 비경쟁 독서토론을 하다보면 어느새 피곤은 사라지고 기묘한 에너지가 몸에 가득하다. 학교에서 만나는 학생들에게도 이 기묘한 에너지를 경험하게 해 주고픈 마음에 비경쟁 독서토론을 수업 및 동아리 활동에 적용하기 시작했다. 이 책을 읽는 당신도 기묘한 에너지를 경험할 수 있길, 더불어 함께 걸어가는 멋진 동료들을 만날 수 있길 바란다.

신예지

동그란 테이블에 둘러 앉아 나눈 다채로운 생각과 경험들이 하나의 질문으로 수렴되고, 하나의 질문은 다시 아이들의 삶 속 이야기를 불러낸다. 반짝이는 눈으로 서로의 목소리를 귀담아 듣는 아이들의 모습은 늘 놀랍고 감동적이었다.

2017년 책날개 연수에서 처음으로 비경쟁 독서토론을 만났다. 그날의 감동이 여전히 마음에 남아있다. 따뜻한 대화 속 진심어린 공감과 위로의 말들, 서로의 다름을 인정하고 우리의 연결됨을 확인하는 소통의 시간이 마냥 좋았다. 충북 비경쟁 독서토론 한마당으로 내가 느낀 독서토론의 기쁨을 우리 아이들과도 나눌 수 있어 행복했다.

김은주

고등학교 교사로서 19년 동안도, 장학사로서 3년 동안도 책은 언제나 함께였고 그 책을 통해 평생 친구들을 만났다. 국어 시간에 책을 함께 읽고 학생들과 생각을 나누는 것은 정말 의미 있는 시간이었고 가장 기억에 남는 활동이었다.

특히 비경쟁 독서토론을 만나 옹달샘의 역할을 하고 세상질문을 통해 선생님들과 함께 독서교육의 다양한 방법을 모색했던 순간들은 삶의 큰 원동력이었다. 앞으로도 책을 사랑하는 선생님들과 행복한 만남을 이어가며 그 기쁨을 나누고 싶다.